Para:

Que cada ensinamento contido nesta obra seja como uma bússola que aponta a direção certa para suas escolhas e suas decisões. E que seu caminho possa ser permeado de prosperidade, saúde e profunda harmonia e paz.

Dr. Paulo Valzacchi

____/_____

Dr. Paulo Valzacchi

HO'OPONOPONO
Manual de Limpeza das Energias Ancestrais

A cura da nossa família e de nós mesmos

HO'OPONOPONO: MANUAL DE LIMPEZA DAS ENERGIAS ANCESTRAIS
© 2021 Editora Nova Senda

Revisão e Preparação de textos: Luciana Papale
Diagramação: Décio Lopes

DADOS INTERNACIONAIS DE CATALOGAÇÃO NA PUBLICAÇÃO (CIP)

Valzacchi, Paulo

Ho'oponopono: manual de limpeza das energias ancestrais / Paulo Valzacchi – São Paulo: Editora Nova Senda, 2021.

ISBN 978-65-87720-04-3

1. Autoajuda 2. Desenvolvimento Pessoal I. Título

Proibida a reprodução total ou parcial desta obra, de qualquer forma ou por qualquer meio, seja eletrônico ou mecânico, inclusive por meio de processos xerográficos, incluindo ainda o uso da internet sem a permissão expressa da Editora Nova Senda, na pessoa de seu editor (Lei nº 9.610, de 19/02/1998).

Direitos de publicação no Brasil reservados
para Editora Nova Senda.

EDITORA NOVA SENDA
Rua Jaboticabal, 698 – Vila Bertioga – São Paulo/SP
CEP 03188-001 | Tel. 11 2609-5787
contato@novasenda.com.br | www.novasenda.com.br

Agradecimentos

Agradeço a toda minha linhagem ancestral, que me permitiu estar aqui realizando a minha jornada pessoal. À minha esposa, Rosangela Valzacchi, que sempre me apoia em todos os projetos da vida. Aos meus filhos, Paulo César e Monise, que darão continuidade a nossa linhagem com a responsabilidade de levar o melhor ao mundo. Ao meu genro, Felipe Mello e a minha nora, Leiliane Marcatto, que são as recém-estrelas em nossa família. Aos meus queridos alunos, que me proporcionaram desenvolver e ajustar as ferramentas certas para este livro. A todos os meus seguidores, clientes e amigos, na qual realizamos juntos a grande jornada de aperfeiçoamento. Ao meu editor, Décio Lopes, que sempre está no apoio e levando o nosso melhor a tudo, com a profunda ideia de que, juntos, podemos contribuir para um mundo melhor, e a Luciana Papale, a revisora de todos os textos e ideias aqui colocadas, que sempre contribui com sua energia positiva.

Gratidão e Aloha, vamos juntos nessa jornada.

SUMÁRIO

Introdução 9
1. A Árvore da Vida e seus ciclos 11
2. O milagre da criação 17
3. O poder do pertencimento 21
4. Nossas heranças – DNA e energia 25
5. O Universo é um grande quebra-cabeça 29
6. Limpeza ancestral 33
7. Aceitação e honra, os passos na direção certa 39
8. A prática do despertar 47
9. A sua versão é apenas parte de uma longa história 51
10. Princípios da Limpeza........................ 57
11. Não crie resistência, apenas aceite 61
12. O pleno exercício do reconhecimento e a gratidão 65
13. Trazendo a consciência 69
14. A exclusão é o princípio da desordem 75
15. Individualidade e responsabilidade 81

16. Bloqueios de energia e o adoecimento do corpo 87
17. O poder das crenças............................93
18. Traumas x bloqueios 99
19. Saúde física e emocional 105
20. A ordem das coisas 113
21. Fatos são fatos, memórias são memórias 119
22. A ancestralidade e o espelho 125
23. A chave para a prosperidade e a abundância 135
24. Relacionamentos afetivos 143
25. Os vícios – uma limpeza necessária...............153
26. Criando a infinita abundância...................163
27. O código de conduta ancestral...................173

INTRODUÇÃO

Os resultados incríveis que observei ao longo desses anos com meus alunos, no curso Limpeza das Energias Ancestrais, levaram-me a escrever este livro e a transmitir uma nova visão sobre um tema tão importante e pouco explorado, levando em conta o fundamento básico da vida, que é entender de onde viemos e quem verdadeiramente somos e, assim, curar e trazer equilíbrio em todas as áreas, para que possamos ter uma jornada de forma mais leve e profunda.

A cada capítulo você terá acesso a informações profundas e reflexivas, além da oportunidade de realizar exercícios práticos poderosos, que vão ajudar você a compreender a sua vida integralmente, afinal, todas as áreas de nossa existência, de certa forma, estão interligadas e merecem a devida atenção e equilíbrio.

Para a construção deste livro utilizei não somente a minha vivência pessoal, adquirida através das observações cotidianas de diversos casos, mas também uma vasta pesquisa nas áreas de psicologia, antropologia, constelação familiar, genética, epigenética, eneagrama, análise transgeracional e muitos outros sistemas de aprendizado terapêuticos e filosóficos.

Atualmente, temos à disposição trabalhos na área da biologia que trata de temas revolucionários, como a ressonância mórfica, por exemplo, uma das hipóteses mais interessantes, que permite entendermos que as mentes de todos os indivíduos encontram-se unidas, conectadas de alguma maneira e recebendo interações estimulantes. Com isso, forma-se um campo mental planetário, o que hoje é denominado de *campo morfogenético*, como uma grande memória coletiva no qual contribui para que todos possam despertar para muitas habilidades.

Neste início de jornada, deixo o primeiro passo que daremos juntos com uma das afirmações mais tocantes e maravilhosas do professor Bert Hellinger:

Somos o sonho de nossos antepassados.

Essa talvez seja uma das frases que nos direcione melhor a vivermos o sonho da nossa vida. Assim, eu convido você a uma incrível jornada de cura e aprendizado, apenas faça um compromisso consigo mesmo, o de transformar a sua vida em uma nova experiência de liberdade, felicidade e amor, hoje e sempre.

Vamos juntos!

1

A ÁRVORE DA VIDA E SEUS CICLOS

Tudo é arquitetado em perfeita e divina ordem.

Vamos definir e analisar de maneira simples e descomplicada o que significa *energia ancestral*.

A palavra *ancestral* está relacionada à ideia dos antepassados, ao antigo, ao velho, ao familiar mais antigo, ao antecessor e ao ancião. É tudo o que vem lá de trás na linha do tempo. Para ficar mais claro este assunto sobre ancestralidade, vamos usar uma simbologia para entender a estrutura familiar e seus ramos, ou, como muitas vezes chamo, compreender o nosso grupo, clã ou tribo.

A figura mais utilizada para conceber a ideia de ancestralidade é uma árvore. Para que fique tudo muito bem claro, imagine à sua frente uma árvore. Você já se perguntou qual a sua estrutura? Perceba que, a partir de agora, todo o conteúdo abordado estará relacionado à própria natureza, ao Universo e as forças dinâmicas que os envolvem. Então vamos utilizar esses processos para entender mais profundamente sobre a árvore.

As árvores são formadas por raízes, caules e folhas e podem ter ou não flores e frutos. Sabemos que toda árvore tem raízes, porém, existe uma raiz central que dá todo o alicerce integral para a planta e suas ramificações. Além da função de fixação ao solo, as raízes têm como função a absorção de água e de nutrientes para a planta. Essa absorção é exercida apenas pelas raízes mais novas. A raiz simboliza nossos ancestrais, todo o sistema de liberação de seiva é regulado aí; imagine a seiva como a energia ancestral. Já o caule, ou como chamamos costumeiramente, o *tronco*, é o caminho entre as raízes e as folhas.

Tudo isso já demonstra que a seiva somente chega para as folhas através desse caminho. O caule é basicamente o tronco da árvore que simboliza os nossos pais. Agora vamos compreender o próximo ponto – as folhas.

É na folha que ocorre a fotossíntese. Perceba aqui que não ocorre na raiz e nem tampouco no tronco, mas nas folhas, que possuem como missão a produção da seiva, que é transportada pelos troncos, armazenada e distribuída de forma inteligente pelas raízes, cada uma dessas três partes tem sua responsabilidade pela existência do todo.

Agora você sabe que cada pedaço da árvore tem um papel específico, a árvore é feita de raízes, tronco e folhas. Observe que, para a sobrevivência de uma árvore, ela deve manter um fluxo. Anote bem esta palavra – fluxo –, pois ela tem a máxima importância em sua vida. O fluxo de Dar e Receber, um processo que está intimamente conectado a tudo no Universo.

Para finalizar, temos as flores e os frutos. A função primordial das flores é a produção de sementes para a formação de novas plantas, garantindo a sobrevivência das espécies. Assim, a flor é responsável pela reprodução de novas plantas.

Flores, sementes, frutos é assim que a vida gira, num ritmo incansável de beleza, fecundação e evolução. Assim é o ciclo, e o respeitamos há milhares de anos, fato que garantiu à espécie humana sua sobrevivência até agora, através da ancestralidade e do sistema familiar.

Em toda e qualquer vida planetária existe um ciclo natural, no qual eternamente ocorrem milhares de transformações, geradas por ciclos inteligentes e contínuos. Assim, posso afirmar com toda segurança, que você já foi uma semente. E que, dessa semente, você se tornou o adulto que é hoje, e que agora, por opção ou condição, pode já ter dado frutos ou escolher fazer isso futuramente. E assim segue o ciclo sagrado da vida, regido pelas quatro estações que têm o poder de nos amadurecer, revelar e evoluir.

Essa extraordinária ideia de ciclos, permite-me assegurar que, com uma simples afirmação, podemos compreender o desenvolvimento humano. De sementes nos transformamos em frutos, para, então, chegarmos onde nos colocamos hoje, diante deste Universo. Assim iniciamos a nossa jornada, regida por leis, regras, energias.

Somos todos regidos por esse ciclo básico, representado pelas quatro estações. Nossa chegada aqui, neste mundo, podemos representar como o início do verão, o princípio de tudo. Essa fase compreende nossos primeiros anos de vida até os 20 anos. Fase em que, podemos bem nos lembrar, nossa força, energia, aquele fogo incessante nos olhos, nossos sonhos e a doce liberdade de ser e fazer estão fortemente presente em nossas vidas. O verão é a estação da expansão, crescimento, aprendizado e progresso rápido, onde encontramos a força máxima.

O segundo ato desse ciclo é o outono, que ocorre dos 21 aos 40 anos de idade, também conhecido como o tempo da colheita, ou seja, colhemos as consequências do que plantamos. Mas também é tempo de deixar ir tudo aquilo que não nos faz mais-valia, dessa forma, podemos deixar cair as folhas envelhecidas e desnecessárias, pois tudo já está mais amadurecido. Se as árvores não as deixassem ir, não sobreviveriam à próxima estação. As folhas se queimariam com o frio do inverno e, assim, os ciclos de respiração da árvore se findariam bruscamente, o que resultaria no fim da vida.

O inverno chega dos 41 aos 60 anos, e nos torna mais introspectivos, é o momento do autoencontro, uma representação única de que precisamos diminuir o ritmo da vida para escutar com mais maturidade o sussurro do mundo interno. É quando podemos analisar a nossa vida por uma nova percepção, o grande desafio é aceitar o ritmo presente, aproveitar sempre o melhor que ele tem a proporcionar, assumir responsabilidades, perceber a beleza das lições de cada momento e entender que, em breve, tudo se renova se decidirmos nos abrir às mudanças!

E então chega a primavera, que começa depois dos 60 anos e vai até o final da vida, com uma linda florada e seu mais sublime perfume. É quando o ciclo recomeça, momento de apenas percebermos como tudo é simples e muito claro, e de entender que tudo está dentro de um sistema perfeito, ajustado e harmônico, e que, por vezes, somos nós que interagimos de maneira a desequilibrar essa estrutura, causando o que chamamos de emaranhados, ou seja, desordens que interferem em nossa vida.

Durante os próximos capítulos vamos analisar, clarear e colocar em ordem todos esses emaranhados. E vamos nos reorganizar, para que você possa fluir com o próprio ciclo da vida e colher os melhores frutos.

Mas só para ficar bem claro, em resumo: a árvore é o símbolo da ancestralidade familiar, onde a energia ancestral segue seu fluxo. Esse fluxo é regido por determinadas leis, que precisam ser conhecidas e preservadas para que sigam em harmonia. Já os emaranhados são desordens desse processo de equilíbrio, que podem ter se originado lá atrás e se perpetuando como elos, bloqueios, nós que precisam ser rompidos para eliminar as doenças no sistema familiar.

2

O MILAGRE DA CRIAÇÃO

Para experienciar os pequenos milagres, basta agradecer.

Existe algo importante a ser esclarecido para que possamos entender melhor todo esse processo. Vou fazer três perguntas simples: Como você chegou aqui? Essa pode parecer uma pergunta espantosamente simplista, mas não se engane, ela revela milhares de informações que possivelmente você nem deve ter pensado.

Outra pergunta que sempre faço de maneira complementar é: Em que ordem você chegou aqui? Você foi o primeiro a chegar ou antes de você chegaram outras pessoas em sua família?

Agora vamos à última pergunta, que é um tanto quanto instigante: Quem é você?

Vamos fazer uma revisão para determinarmos as respostas. Pela nossa existência, devemos, é claro, gratidão eterna ao nosso Criador – Deus. No entanto, na ordem biológica, é claro que você veio de seus genitores, ou seja, de um pai e de uma mãe, e eles também vieram de seus respectivos pais, que são seus avós, e assim por diante. Registramos em nossa árvore genealógica os nossos pais e avós, bisavós e tataravós (paternos e maternos), e assim por diante. Para que você entenda a grandiosidade e o poder das gerações, a quantidade de pessoas envolvidas em nosso clã, as conexões, vamos fazer uma breve conta matemática. Vamos voltar cerca de 500 anos, o equivalente a 20 gerações em média, muito bem, agora chegamos a uma pergunta especial: Quantas pessoas estão envolvidas nessa árvore genealógica? A resposta é assombrosa! São cerca de um milhão de pessoas, isso mesmo, um milhão de pessoas, sem contar os parentes distantes, apenas familiares diretos.

Você já parou para pensar sobre isso e sobre a grandiosidade desses eventos, já parou para pensar que, por trás de sua chegada, existiu um milhão de pessoas? É nesse caminho que reside toda a sua energia ancestral, toda a sua força e história antecessora.

Por um instante, apenas imagine conhecer a história de cada um deles, os seus sonhos, ilusões, sucesso, dificuldades, sua jornada individual, sua vida. Isso é revelador. Agora vamos mudar o prisma e focar no aqui e agora, no presente, pois você já sabe que descende de milhares de pessoas e o quanto elas são importantes para tecer a história na qual você está vivenciando neste exato momento. Isso porque você é um vencedor e chegou até aqui.

Vou contar uma das histórias mais fascinantes da vida: *a criação!* Não a criação do Universo, mas, sim, da vida humana. Imagine o seguinte evento: uma mulher tem cerca de 400 óvulos, tudo bem armazenado em seus ovários e, a cada mês, por meio de uma rede incrível de mudanças hormonais, um óvulo é preparado para a fecundação.

Às vezes ele não é fecundado e é expurgado. A esse processo de eliminação chamamos de *menstruação*. Todo mês esse ciclo biológico está presente, até um determinado período da vida.

Já no homem, no ato sexual é expelido em média 100 a 400 milhões de espermatozoides, que, assim como os óvulos, também carregam consigo o material mais precioso da vida, o DNA.

Agora imagine que o óvulo seja uma ilha e do outro lado tem um oceano com milhões de pessoas nadando para chegar até ela. Essas pessoas representam os espermatozoides, ambos contendo uma carga genética indescritível, os genes da mamãe e do papai e de toda uma incontestável ancestralidade, construída pela troca genética de milhares de anos.

Também sabemos que apenas uma pessoa poderá chegar nessa ilha, apenas uma. São 400 milhões rumando para a ilha e uma vai chegar lá.

O mais intrigante de tudo é a ideia de que, se um espermatozoide chegar antes da hora exata do preparo do óvulo ele não vai penetrá-lo. Se chegar depois também não vai conseguir, então sabemos que para acontecer a fecundação no momento exato, ele tem de ter algumas capacidades especiais.

A biologia genética nos mostra que, uma vez que o espermatozoide penetra o óvulo, naquele instante algo mágico e milagroso acontece. Uma explosão de energias acontece e o desenvolvimento da vida é iniciado, esse é o momento do maior milagre da existência, a criação e a hereditariedade.

Para entender melhor essa grandiosidade, quero que siga este raciocínio: imagine um vestibular que tenha apenas uma vaga a ser disputada por 400 milhões de pessoas. Na verdade, no nosso Planeta não existe nada tão disputado assim, mas entenda que o ganhador desse vestibular, chamado *vida*, está aqui, e é *você*.

Então, respondendo a primeira pergunta: Como você chegou aqui? A resposta é que foi através de um milagre divino, proporcionado por um milagre ofertado por duas pessoas especiais. Papai e mamãe. Eles são os seus criadores. Apenas reflita sobre isso. Como você chegou aqui? Quem foram as pessoas especiais envolvidas nesse incrível processo? Acredite, não existe absolutamente nada no mundo todo que pague esse ato de luz.

3

O PODER DO PERTENCIMENTO

*Pertencer é o direito básico
de qualquer ser humano.*

Tudo no Universo possui uma profunda e tremenda inteligência. Se Deus nos trouxe ao mundo através de papai e mamãe, que cumpriram esse papel nos auxiliando a viver, então precisamos ser imensamente gratos a eles. A gratidão é a chave para o fluxo do amor, comparado ao fluxo da seiva que percorre toda a árvore num movimento de dar e receber a manutenção da vida. Sem gratidão, a seiva não se movimenta e a árvore seca.

Então, hoje, pense no reconhecimento essencial devido a seus pais, pois foi através deles que você teve a oportunidade de exercer seu direito de viver e entregar a sua mensagem ao mundo. Toda a sua história de vida contribuiu com a história de vida do Planeta e dos nossos ancestrais, afinal, no momento certo, de frutos passaremos à raiz.

Além desse despertar em relação à gratidão, uma ordem deve ser respeitada para se manter o equilíbrio, ou seja, se você sabe como chegou aqui, agora tente responder em que ordem chegou? Pode parecer um tanto estranha esta pergunta, mas em se tratando de ancestralidade faz todo sentido.

Você pode ser a última pessoa que chegou aqui, certo? Ou não, pode ser que por ventura você tenha filhos. Então será a penúltima, ou que tenha netos, e então será a antepenúltima e assim por diante. Mas quando você chegou nesse mundo você era a última pessoa, a folha mais jovem de toda a árvore. Certamente você não era o tronco, nem a raiz, mas, sim, a folha, esta é a ordem.

Quero deixar bem claro que a família ancestral é uma grande alma, são pessoas que vivem sua individualidade, suas experiências, mas que tudo isso afeta o grupo. Nós pertencemos a essa família. Precisamos manter a harmonia, esse é o grande desafio.

Se você chegou por último essa é a sua responsabilidade, afinal, você possui as suas particularidades, sua individualidade, mas deve respeitar a sua linhagem e a hierarquia. Esse é o ponto de equilíbrio de tudo.

Quando você excluir alguém do seu grupo, ou mesmo se excluir, ocorre o que chamamos de emaranhado e o desequilíbrio se perpetua. Quando não se respeita a hierarquia o desequilíbrio é instalado, quando não se valoriza a linhagem ocorre novamente a desordem. Então, pense, se você chegou agora na sua família, no seu clã, no seu grupo, você tem o direito pleno ao pertencimento e nada pode ser feito para que ocorra qualquer exclusão, o respeito pelo sistema deve ser mantido intacto.

Esse fato traz diversos méritos, mas também muitos deveres, e o principal é o de tratar a todos com igualdade e bem.

Tudo isso significa que, não importa o que uma pessoa faça, e mesmo que ela seja julgada como condenável, pecaminosa, reprovável ou errada, ainda assim ela continuará tendo o direito único e universal de pertencer ao sistema familiar. Isso não significa que ela esteja isenta de repressões, de restrições e até de punições legais. Mas que, apesar de tudo isso, essa pessoa continuará tendo o mesmo direito de pertencer à sua família. As atitudes de cada indivíduo pode diminuir a sua credibilidade ou até mesmo a sua confiabilidade e até a sua proximidade perante a família, mas nunca o pertencimento.

Isso precisa ficar muito claro. O que nos une ao grupo são nossos vínculos e a cultura familiar, no entanto, o sentimento mais poderoso que pode auxiliar você a reforçar sua energia ancestral é o respeito.

A partir de todo esse conhecimento, fica claro que nós somos indivíduos que estamos num grupo do qual se tem toda uma linhagem ancestral, com raízes, cultura e crenças familiares, e que devemos nos respeitar, não nos colocando nem acima, nem abaixo de qualquer membro, mas, sim, reverenciando os nossos genitores.

Devemos honrar e agradecer papai e mamãe pela oportunidade que hoje temos em mãos de viver, crescer, melhorar, evoluir e claro, de trazer ao mundo bons frutos.

Se você de alguma forma se sente desrespeitado em seu grupo, use a mentalização matinal a seguir como um exercício diário para trazer as melhores forças de sua ancestralidade.

Pare, feche seus olhos, respire profundamente por três vezes e depois entoe a seguinte afirmação:

Eu me amo e me aceito profundamente. Eu pertenço a esta família, sinto o pertencimento dentro de mim. Eu entro em contato com minha energia ancestral e permito que ela flua em minha vida com toda força.

Faça esse exercício por 28 dias, permita-se inspirar, infiltrar, fixar e restabelecer o poder do pertencimento.

4

NOSSAS HERANÇAS – DNA E ENERGIA

*A herança faz parte da construção
de nossos propósitos.*

Vamos abordar um tema importante antes de entrar na exploração sobre memórias, energias e consciência. Você sabe o que é DNA?

O DNA (ácido desoxirribonucleico) é um ácido nucleico que possui destaque por armazenar a informação genética da grande maioria dos seres vivos. Basicamente, é uma molécula de proteína presente no núcleo das células dos seres vivos, onde fica toda a informação genética que determina o seu fenótipo e outras características.

Mas e o que é esse tal de fenótipo? De forma bem simples, são as informações que determinarão a altura, a cor do cabelo, a cor dos olhos, o formato do nariz e das orelhas e milhares de outras informações físicas do ser humano.

Foi na década de 1950 que começamos a entender melhor sobre DNA e, desde então, a genética evoluiu a passos largos. Hoje nós temos acesso a pesquisas imensamente estarrecedoras e sabemos que existem pessoas com habilidades complexas que não foram aprendidas, mas, sim, estimuladas. Então, podemos afirmar que o DNA não é apenas carreador ou condutor de informações genéticas, mas também comportamental, dentre outras, o que determina muito sobre nossas atitudes e explica as nossas heranças comportamentais.

Certamente podemos provar isso com uma simples observação do cotidiano de cada um. Sabe aquela sua amiga ou amigo que conhece você e sua família e de repente diz: "Como você é parecida com a sua mãe!" Bem, acredite no que eu vou dizer: você realmente é muito parecida com a sua mãe, inclusive com muita semelhança em relação a vários tipos de comportamento. Essa bagagem chamada de *herança comportamental* é reforçada durante o período da infância e, segundo pesquisas recentes, ficou claro que ao nosso redor existem campos de energia que podem influenciar diretamente, e muito, alguns dos nossos comportamentos e escolhas, como se fosse uma energia ou uma memória ancestral.

Essa energia cria uma consciência familiar, ela se constitui de uma polaridade, revelando-se positiva ou negativa. Se formos analisar, podemos compreender que essa energia pode impactar de duas formas:

- Negativamente: causando os bloqueios, traumas, limitações, vícios, doenças, além de outros aspectos.
- Positivamente: que influência no despertar de habilidades, potenciais, inteligências, dons e outras qualidades, como

a predisposição pela arte, a criatividade, além de poder exercer um profundo impacto cultural.

Esses insights são como pequenos gatilhos, aguardando os estímulos para serem disparados.

O meu foco de trabalho é justamente compreender os bloqueios, traumas, dificuldades emocionais e, dessa forma, buscar soluções e limpezas, corrigindo as desordens. Vejo que muitas pessoas possuem dificuldades de lidar com várias emoções dolorosas, mas é necessário entender a origem e suas influências sobre a dor, o que nos coloca um passo à frente para trazer equilíbrio em nossas vidas.

Imagine que essa energia que rodeia o seu sistema familiar é como se fosse um grande sistema de computador, onde estão inseridos milhares de dados e memórias de todos os seus ancestrais, e que tudo isso tem uma influência direta em suas ações no dia a dia, por isso é fundamental conhecer a história dos seus antepassados.

Uma observação comum é verificada quando algumas famílias são marcadas por suicídios, esquizofrenia, depressão, autoagressão, agressões, envenenamento, doenças, transtornos mentais, vícios e muitos outros fatores. Essas, digamos, deficiências, faltas, podem se tornar recorrentes, e é preciso ter uma nova consciência para libertar-se dessas repetições.

A palavra *libertar* possui um significado tão profundo que, além de eliminar esses padrões destrutivos, traz até nós a responsabilidade, o marco zero, para que as novas gerações não sofram com esses males e, assim, adquirimos o poder e a consciência de romper elos negativos.

O lado positivo dessa revelação é que podemos também alcançar e estimular todos os potenciais positivos trazidos de inúmeras gerações, proporcionando o melhor para nós.

Então fica bem claro que, ao existir uma perturbação no sistema de energia familiar, é de sua inteira responsabilidade a tomada de decisão para limpar e abrir novos caminhos aos que chegam.

Atualmente, temos à disposição algumas técnicas importantes para esse processo, além de conscientização, mentalizações e orações específicas, tudo para mudar o plano de consciência dessa energia e organizá-la.

5

O UNIVERSO É UM GRANDE QUEBRA-CABEÇA

Quanto mais ampliamos a visão, mais tudo se encaixa.

Vamos relembrar. A vida é um milagre, todos nós somos vencedores pelo simples fato de estarmos aqui neste plano. A partir dessa informação, podemos formular uma grandiosa pergunta: Se nós recebemos um presente do Criador chegando a este mundo, qual o significado de nascermos justamente nesta família?

Muitas pessoas me confidenciam: "Minha família é maluca! Por que não nasci na família do vizinho?", "Por que não nasci em outra família, em outro país ou em outro estado?" Será que foi tudo programado para eu estar aqui ou existe um acaso?".

De uma maneira bem simples e imensamente razoável, a resposta poderia ser:

Tinha que ser assim, está tudo certo!

Essa resposta pode parecer simplista e, inclusive, o mais distante possível de minha formação como profissional, afinal, sou um investigador das profundas possibilidades da vida. Mas essa é uma resposta que contém algo ainda inexplorado.

Uma teoria explicativa para isso é que nosso conteúdo ancestral é como se fosse constituído de um DNA magnético, ele nos atrai para as melhores condições e desafios, no intuito de nos levar ao crescimento ou a ajustes necessários. Não há nenhum acaso envolvido aqui, mas sim, uma conexão que, cientificamente, ainda desconhecemos. Isso determina que eu preciso desse seio familiar, preciso estar com essas pessoas, eu tenho necessidade de estar nessa cidade ou país e aprender com essas crenças, culturas, tudo isso é um chamado da natureza, do crescimento, mas que não me obriga futuramente a absolutamente nada, tenho o livre-arbítrio de me mover pelo mundo, mas devo levar comigo a maior herança de todas, uma memória de mais de um milhão de pessoas dentro de mim.

Para florescer, para melhorar, você precisa de apenas duas coisas, ACEITAR e AGRADECER, como se no final você entendesse algo fundamental: *está tudo certo*, apenas isso, então desfrute do seu sonho.

Cada experiência que perfaz a sua jornada está certa, não brigue com isso, apenas aceite e mude o que deve ser modificado, lembre-se sempre de que tudo está milimetricamente certo.

Eu comparo a vida com um gigantesco quebra-cabeça de milhares de peças que, com o passar do tempo, temos a capacidade de encaixar cada peça no seu devido lugar, até o todo se revelar.

No começo, todas as peças podem parecer embaralhadas, confusas ou mesmo sem sentido algum, mas acredite, se você não está no centro, não existe esta leveza, nem tampouco harmonia, não reina o equilíbrio e nada será revelado. Se você se revolta com questões corriqueiras, então esse é o momento de parar, aceitar e agradecer, assim a clareza chega e tudo se encaixa.

Se no seu sistema emocional existe revolta, mágoas e ressentimentos, tudo está perturbado, assim as peças não se encaixam e nada faz sentido na sua vida.

Naquele exato momento que você se dispõe a parar de ficar se questionado tanto, querendo saber o porquê de tudo, você começa a invocar apenas uma simples pergunta: Para quê? A clareza chegará. Apenas se acalme e dê espaço ao sentir a revelação.

Uma pequena mudança no seu jeito de ver tudo vai acontecer e você descobrirá que está tudo certo, plenamente certo. Você já deve ter se perguntado: Por que eu não entendo? Por que eu não consigo ver isso? Por que eu não consigo enxergar os detalhes? Por que não vejo o verdadeiro propósito? A resposta para todas essas perguntas continua sendo simples: você apenas está fazendo a pergunta errada.

Este tipo de questionamento faz você olhar para fora. Mude a pergunta, olhe para dentro: "Para que eu nasci aqui com essas pessoas, nesse grupo, com esses vínculos?"

Apenas relaxe e observe de forma sincera e honesta, dentro de você, e assim verá com toda certeza que não poderia ser diferente. Existem momentos que nossas mais profundas feridas vão negar isso, porém é necessário apenas aceitação neste processo de crescimento, revelação e propósito. Existe uma realidade à sua frente. Ela é física e biológica. Não há acasos. Você está aqui.

A verdade é afetiva, emocional, psicológica e também racional e espiritual. Assim que você aceitar a sua linhagem e onde você foi plantado tudo ficará mais fácil de florescer. Dessa forma, chegamos à pergunta sagrada: "Para que eu estou aqui com essas pessoas?"

Essas pessoas, esse grupo, essa família é a reunião de Almas que possuem todas as ferramentas para o desafio da sua jornada de vida e para o seu crescimento. Para que você evolua, aprenda e se expresse.

Quando você aceitar tudo isso em plenitude, a porta se abrirá, o silêncio reinará, como se absolutamente tudo fosse respondido, você saberá que está tudo certo aqui e agora. As pessoas que se aceitam têm o poder não só de aceitar e valorizar os outros como eles são, autênticos, únicos, honestos, mas também a si mesmas. Assim, elas vivem bem no presente, possuem um genuíno senso de humor em relação a si mesmas, além de amor-próprio, e amam profundamente os seus. A aceitação humana é se dar conta de que tudo está certo, sempre esteve e sempre estará não como um conformismo, mas como uma sabedoria imensamente profunda.

6

LIMPEZA ANCESTRAL

Ao olharmos para dentro de nós descobriremos um incrível e novo universo.

Vamos ao primeiro exercício da série limpeza ancestral para a reavaliação da sua percepção pessoal em relação a si mesmo. Tenha em mãos uma agenda pessoal para anotar as perguntas e suas devidas respostas, e lembre-se de que escrever é importante para expressar seus pensamentos e sentimentos. Todas as perguntas são terapêuticas e autorreflexivas, elas são parte integral de um conjunto de terapias reveladoras que irão levar você a um nível profundo de respostas.

Primeiro vamos explorar o princípio do reconhecimento do eu, através da pergunta: "Quem sou?" Para se obter uma resposta clara, vamos utilizar outras 6 perguntas chaves.

1. Quais são as suas qualidades?

Descreva dez qualidades que você considera que tem. Faça uma imersão, olhe para dentro de si mesmo. Foque no seu melhor. Como qualidades podemos considerar as características usadas para definir uma pessoa. Elas podem vir do berço (hereditárias) ou ser desenvolvidas ao longo da sua existência (estimuladas). Em qualquer fase da vida é possível reter novas qualidades se você fizer o esforço necessário para integrá-las em seu comportamento.

2. Quais são seus defeitos?
Agora escreva dez defeitos que você considera que tem. Anote comportamentos seus que precisam ser trabalhados para desenvolvê-los de modo correto para, então, torná-los qualidades ou características menos sabotadoras no dia a dia. Faz parte do seu desenvolvimento pessoal usar um pouco do seu tempo, planejamento e inteligência para entender quais são os pontos fortes e fracos que você tem. Assim, fica fácil saber quais são as características que devem ser desenvolvidas ou eliminadas. É hora de investir seu esforço na direção certa, para desenvolver o seu melhor.

3. Quais são as suas limitações?
Qualquer pessoa pode ter limitações que podem ser físicas, emocionais ou comportamentais, mas é importante saber como evitar que elas tomem conta da sua vida de maneira automática. Dificuldade em dizer não ou em delegar tarefas, não acreditar em seu próprio potencial, deixar o medo dominar são apenas alguns exemplos de atitudes limitantes.

4. Quais são as suas necessidades atuais?
Tudo aquilo que traz satisfação e motivação pode ser considerado como uma necessidade que varia conforme a sua importância. São essas necessidades que você tem que vão revelar o seu caminho. Procure prestar mais atenção no que realmente importa no seu dia a dia.

5. Quais são os seus medos mais profundos?

Ao relacionar seus medos e fazer uma breve análise de seus motivos, você vai poder perceber o quanto eles são apenas projeções, muitas vezes, inclusive, ancestrais. Muitos dos medos que sentimos podem ser resultado das experiências acumuladas pelos nossos antecessores e que perfazem a energia da família, assim, podem ser devidamente liberados.

6. Quais são as suas paixões, desejos e sonhos?

Descrever esses aspectos é encontrar um pouco do que você precisa para expressar qual a sua mensagem neste Planeta, como um propósito. Porém, não se engane, paixões, desejos e sonhos são forças, e não algo que se mede pelo tamanho. Em muitos momentos, quase não conseguimos reconhecê-los, pois acreditamos que tais sentimentos tenham de ser gigantescos, e isso nos trava e bloqueia no caminho do reconhecimento. Lembre-se: *seja simples*. Tudo isso irá compor a sua percepção de quem você é verdadeiramente e também a sua história ancestral.

Agora vamos iniciar a segunda parte do exercício fazendo-se uma simples pergunta:

De onde venho?

Nesse momento você deverá se conectar com suas crenças e o seu passado. Será uma conexão entre você e seus ancestrais, a sua linhagem.

Quais são as principais memórias da sua história pessoal, relate, ou seja, escreva tudo de forma a compor uma linha do tempo.

Agora pense em quais foram os sucessos mais relevantes da sua vida. Apenas, relaxe, escreva e lembre-se da dica anterior: *simplicidade*.

Em seguida, descreva como foi o seu nascimento. Tente relatar alguns detalhes, se possível, busque informações com seus pais.

E qual é a primeira recordação mais marcante da sua infância? Você se lembra dos seus amiguinhos, da primeira professora ou de algo que aconteceu e que lhe marcou profundamente?

Para finalizar, descreva as relações e influências mais importantes da sua vida, sejam elas quais forem. A sua relação com seu pai ou com sua mãe, com um tio, avô ou qualquer outra pessoa que participou ativamente de sua vida. Relate quais as influências deles no seu aprendizado e lembre-se de que tudo isso é importante, pois você começará a ter consciência de que muitos dos seus conceitos são herdados e validados para a época vivida, mas que podem estar desatualizados para o momento presente.

Para refletir:

- Se você continuar fazendo o mesmo que faz hoje, como você se vê daqui a 5 anos? Talvez nem precisemos ir tão longe, daqui a um ano, por exemplo, como você acha que estará? Eu chamo essa pergunta de exercício projetivo, que vai lhe conferir vários insights sobre a necessidade de mudanças.
- Quando você partir deste mundo, o que gostaria de deixar para os seus descendentes? Qual é o seu legado?

- Quais são as condutas, padrões ou comportamentos que você gostaria de mudar hoje? Anote tudo que lembrar, afinal, o trabalho é reconhecer, tomar consciência e aplicar esforços para que as mudanças sejam efetivas.

Responder a essas questões seguramente vai lhe conduzir a um caminho seguro para as mudanças. Veja este exemplo:

> Vitor tem 50 anos, sua vida financeira é um caos, sempre gastando mais do que ganha, completamente desorganizado, com um medo profundo de não ter dinheiro, de passar necessidades, um típico medo ancestral, afinal, foram três gerações de escassez e pobreza em sua família. Inconscientemente, Vitor estava dando continuidade a esse processo, ele era um elo fraco da corrente. Ao perceber tudo isso, ou seja, ao tomar consciência, ele investiu em aprender, mudar seus estados emocionais e fazer tudo diferente. Vitor se reorganizou, aprendeu a investir e muitas outras técnicas que nunca ninguém havia aprendido em sua família, com isso, deu a grande virada rumo à estabilidade e um futuro melhor, para si mesmo e para os que virão. Isso se chama consciência da mudança, você pode mudar aspectos que estão travados em sua vida.

7

ACEITAÇÃO E HONRA, OS PASSOS NA DIREÇÃO CERTA

A sustentação da vida concerne em trilhar o caminho sagrado.

Uma vez que já discutimos sobre o processo de aceitação e sobre o fato de que todos nós pertencemos a um grupo familiar e estamos incluídos num determinado local, isso inicia o movimento de cura e de conexão com o seu grupo de forma saudável, ou seja, as feridas estarão num processo de cura, onde algumas situações poderão ser mais facilmente resolvidas, afinal, tudo fluirá melhor, pois se estamos desconectados ou de certa forma excluídos, isso prejudica a nós mesmos ou a quem excluímos. Quando aceitamos o grupo, isso nos conecta, se não o aceitamos ficamos desconectados e invariavelmente sofremos as consequências.

Se honramos a nossa linhagem, a energia flui no sistema, existe abundância, a prosperidade se instala, o equilíbrio se estabelece, caso contrário nada disso acontece.

Vamos entender sobre honrar e aceitar a ancestralidade.

Falar sobre a limpeza das energias ancestrais é mostrar a necessidade de nos reconectar a essa forte ligação que todos nós possuímos com as gerações passadas. Implica em reconhecer, com humildade e gratidão, que somos o fruto de muitas histórias vividas e transmitidas ao longo das épocas. Histórias essas cujos valores, dramas, suor e glória desconhecemos. Afinal, hoje somos a geração que resulta como sucesso daqueles familiares que transmitiram a vida adiante, através dos filhos e filhas que tiveram.

A família deve ser vista como um sistema único e precioso, onde o amor se organiza e flui, de geração a geração. Lembre-se: existe ao seu redor e mesmo dentro de você, aqui e agora, um elo de energias ancestrais com pessoas e histórias de gerações passadas.

Descobrimos que o AMOR no sistema da família, segue uma ordem: vem dos mais velhos para os jovens, dos pais para os filhos. O tesouro da vida é transmitido a um custo que não nos cabe questionar ou julgar, apenas receber.

Devemos sempre aceitar e honrar essa bênção que é a vida, compreender isso fará com que você pare de cobrar dos seus pais algo que não faz sentido, uma vez que você já foi presenteado com a luz da criação, é preciso apenas direcionar o seu olhar com mais humanidade e permitir-se sentir uma gratidão nunca experimentada para com os seus genitores e seu passado familiar.

Toda cura vem da aceitação do passado.

O passado continua no presente, essa é a mais pura verdade. E assim, a energia ancestral vive dentro de cada um e influencia energeticamente suas ações no mundo, tendo relevância sobre seus medos, sonhos e impulsos para vida.

Cada membro teve e tem um papel essencial na organização do sistema familiar ao qual pertencemos. O fato é que, sem eles, a vida nunca chegaria até nós! Nossos antepassados são parte das raízes que nos ligam à existência. Através deles, nossa identidade étnica, genética, cultural, espiritual e social vem se lapidando. Reconhecer tudo isso é um passo extraordinário para viver a vida em plenitude!

Faz parte da evolução viver a reconexão com seus ancestrais, pois ao reforçar a energia de suas raízes, ganha-se mais leveza e fortalece a sua liberdade. É um movimento de cura, onde o fluxo de amor se restabelece e, a partir daí, pode vir o perdão que nos ajudará a dissolver todos os julgamentos e culpas que ficaram nas gerações anteriores. Esse é um passo capaz de aliviar feridas profundas do sistema familiar, liberando a alma e a mente para seguir rumo a um horizonte leve e abundante de amor e de vida.

Agora vamos entender o significado mais profundo da atitude de Honrar. A vida não passa de um sonho. Muitas pessoas nas mais diversas culturas fazem alusão à vida dessa forma, como um sonho, outras dizem que ela é um grande teatro. Isso não importa, pois existe um profundo significado em tudo; se a vida é um sonho, que possamos vivenciá-lo da melhor maneira, essa é a beleza.

Sim, a vida é o seu sonho, o seu sonho, repita essa poderosa expressão até que ela ecoe dentro do seu ser: "A vida é o meu sonho e eu decido viver e sonhar como eu quiser".

A essência dessa visão é torná-lo consciente e responsável por suas atitudes, pela sua criação, afinal, você, com base nas suas livres decisões, tece o seu sonho. Então por que não trazer luz a esse sonho e honrar seus ancestrais para que tudo se revele numa vida melhor? Sim, façamos isso. Dar vazão aos seus sonhos é honrar os seus antepassados, pois foram eles que construíram a base para o seu sonhar.

Mas o que significa *honrar*? Honrar é demonstrar respeito e gratidão no contexto familiar, com compreensão e amorosidade, sem qualquer revolta, mas, sim, entendimento. Honrar nossos pais é ter o reconhecimento e a gratidão pela vida que nos foi dada. Este é o primeiro passo.

É possível olhar para nossos pais de duas maneiras distintas: pelo lado Divino, pois eles revelam o poder da criação e da força da divindade em nós pela transmissão da vida. E pelo lado humano, que demonstra exatamente isso, que todos somos seres humanos, e que, assim como nós, nossos pais também possuem ou possuíram comportamentos básicos, que às vezes são primitivos, inconsequentes, falhos, como qualquer pessoa.

Honrar e respeitar é apenas tirar os olhos do humano e olhar o lado divino e oferecer a mais profunda gratidão, sem qualquer julgamento.

Por outro lado, aprendemos que os nossos pais não são seres perfeitos, longe disso, assim como nós também não somos, todos estamos buscando o aperfeiçoamento de nossas ações e evitando repetições.

Os pais também podem ter comportamentos distorcidos ou mesmo estarem doentes da alma. Alguns podem ter vícios, serem agressivos, duros, rígidos. Outros podem não dar ou não conseguir expressar afeto, há aqueles que abandonam, que rejeitam, envergonham, distanciam-se, são egoístas, e por aí vai, existe muitas maneiras das quais nossos pais podem nos machucar. Como então honrar pessoas do próprio seio familiar que tinham basicamente o propósito de nos dar amor e segurança e acabaram por nos agredir de forma física ou emocional?

Essa talvez seja uma das perguntas mais fortes e instigantes ao abordar o tema ancestral e a prática de honrá-los, no entanto, a resposta requer uma boa análise de desprendimento e entendimento pessoal.

Vamos a essa revelação passo a passo: ao nascermos, assinamos um contrato que tem duas cláusulas, não dá para simplesmente rasgá-lo ou alterá-lo, as propostas são bem concretas.

Ao longo da nossa trajetória, vamos nos deparar com vários obstáculos, problemas e desafios, assim como doenças, reveses, acidentes e muitas outras coisas. Minha vó já dizia: "Quem sai na chuva que se prepare para se molhar".

O que você vai ver nesse "contrato" que assinou com a vida é algo que diz aproximadamente assim: *você é uma pedra bruta*. Isso quer dizer que somos imperfeitos, muitas vezes contraditórios, sujeitos a erros e limitações das mais variadas possíveis. Ao nosso redor também encontraremos situações e pessoas assim. Sabemos que a vida não será um "paraíso" e que teremos do primeiro ao último suspiro da existência uma série de desafios, eles estão presentes para que todos nós possamos superá-los e, assim, iremos crescer e nos fortalecer em fé, amor e coragem.

Por sermos imensamente imperfeitos, precisamos aceitar que a partir da imperfeição humana pode brotar toda variedade de impulsos, que pode se sobrepor inclusive ao racional e que causam tremendos estragos.

Não somos anjos, nem tampouco demônios, somos apenas humanos. Assim também são nossos pais, apenas humanos, com uma história que muitas vezes desconhecemos, com milhares de desejos reprimidos, egos à flor da pele, dores, ilusões, alegrias ou tristezas.

Vou lhe contar um segredo em poucas palavras, guarde-o bem: "Aquele que vê o mundo aos cinquenta anos da mesma maneira que o via aos vinte, desperdiçou trinta anos de sua vida", ou seja, é preciso crescer, mudar a sua forma de pensar e curar as feridas.

No fundo, a pergunta que ainda se mantém é: "Mas é justo tudo isso?"

Bem, quem decide o que é justo ou injusto? Certamente é quem está com a caneta em mãos e escreve a história, tendo ela linhas tortas ou não, certo? Mas será que vamos conseguimos enxergar ou entender essas linhas?

No meu ponto de vista, se você manter raiva, ódio, revolta, nada irá mudar. Mantendo esse tipo de sentimento, você chegará aos cinquenta anos com as mesmas atitudes de uma pessoa de vinte anos.

Lembre-se sempre: "Honrar é seguir sem julgamentos!" Afinal, existe um ditado especial que diz: "Se tudo fica bem com a família, tudo fica bem com a vida".

Dentro de nós é preciso acolher a ideia e o processo da aceitação, abandonando a luta entre o que é ideal versus o que é real.

Na verdade, nem tudo é como queremos, desejamos ou imaginamos, mas, sim, o que precisamos, cujos motivos desconhecemos. As coisas "são como são" e precisam ser reconhecidas como tal em algum momento da vida adulta.

Sim, nossos pais podem ir embora a qualquer minuto.

Sim, alguns deles podem precisar de cuidados médicos, pois estão doentes.

Sim, alguns bebem.

Sim, alguns são infiéis.

Sim, alguns espancam.

Sim, alguns abandonam, não apoiam, rejeitam.

Sim, alguns roubam.

Sim, alguns usam drogas.

Sim, alguns se separam.

Sim, alguns não sabem expressar seu amor.

Sim, tudo isso dói muito!

Mas essa é a realidade. No final, somente há uma saída: enfrentar a realidade e sair da ilusão. *Aceite e siga!*

8

A PRÁTICA DO DESPERTAR

*Ao mudar minha mentalidade
um novo mundo se abre
diante de meus olhos.*

Neste capítulo vou apresentar a você um poderoso exercício, que pode ser feito, inclusive, diariamente, até obter leveza, aceitação e cura dos seus sentimentos. Vou deixar aqui o que pode considerar como uma carta, uma oração ou um agradecimento aos seus pais, separadamente, mãe e pai, espero que toquem você como me tocou.

Agradecimento ao Despertar da Vida

Esta oração ou declaração é dirigida a sua mãe e deve ser feita em voz baixa, sentindo plenamente a conexão, apropriada para quem sentir que existe alguma dificuldade no seu relacionamento com a figura materna.

Querida mamãe, eu tomo a vida de você,
tudo, a totalidade, com tudo o que ela envolve
e pelo preço total que custou a você e que custa a mim.

Vou fazer algo dela, para a sua alegria.
Que não tenha sido em vão!
Eu a mantenho e honro e a transmitirei
se me for permitido, como você fez.

Eu tomo você como minha mãe
e você pode ter-me como seu filho.
Você é a mãe certa para mim
e eu o filho certo para você.

Você é grande, eu sou pequeno.
Você dá, eu tomo, querida mamãe.
E me alegro porque você tomou meu pai.

Vocês dois são os certos para mim.
Só vocês!

Agora a oração ou declaração será dirigida ao seu pai e também deve ser feita em voz baixa, sentindo plenamente a conexão existente. Faça se sentir necessidade de reconciliação ou se existe algo que impede o bom relacionamento com a figura paterna.

Querido papai, eu tomo a vida também de você,
tudo, a totalidade, com tudo o que ela envolve,
e pelo preço total que custou a você e que custa a mim.

Vou fazer algo dela, para sua alegria.
Que não tenha sido em vão!
Eu a mantenho e honro e a transmitirei,
se me for permitido, como você fez.

Eu tomo você como meu pai,
e você pode ter-me como seu filho.
Você é o pai certo para mim,
E eu sou o filho certo para você.

Você é grande, eu sou pequeno.
Você dá, eu tomo, querido papai.
Eu me alegro porque você tomou minha mãe.

Vocês dois são os certos para mim.
Só vocês!

9
A SUA VERSÃO É APENAS PARTE DE UMA LONGA HISTÓRIA

Quando aprendemos a olhar em profundidade, a flor ganha perfume.

Existe uma história de dois amigos que estavam conversando e entre eles havia uma parede, num certo momento da conversa um deles comentou

"Bonita essa parede. Gostei muito dessa cor azul."

"Azul?" respondeu o outro espantado. "Você não deve estar enxergando bem, essa parede é amarela."

O outro então disse: "Como amarela? Acho que quem não está enxergando bem é você."

A discussão ficou acirrada, alguns insultos foram ditos, até que num dado momento, um deles resolveu subir na parede e dar uma olhada do outro lado e ficou imensamente surpreso, exclamando:

– Tudo bem, do seu lado a parede é realmente azul.

Essa história é um símbolo vivo da sabedoria, da imparcialidade e que de alguma maneira podemos criar uma nova consciência. Vamos explorar mais tudo isso.

Como você observa o seu mundo?
Nossos cinco sentidos e um punhado de crenças e aprendizados é o que nos ajuda a perceber o mundo. É como compor uma imagem do mundo aqui na sua mente, mas a cor desse mundo é dada pelas suas crenças e emoções. Todos nós temos emoções como raiva, medo, alegria, tristeza, nojo, afeto, inveja, ciúmes, dentre outras. São essas emoções que conferem uma cor ao seu mundo. Sendo assim, a sua percepção é formada por mente e coração, suas crenças dão o brilho e o formato a tudo, a sua parede pode ser azul, amarela, verde, como desejar, mas essa cor é sua, apenas sua.

A pessoa do outro lado possui as mesmas emoções, mas com intensidades diferentes, com doses diferentes e claro, alicerçadas em crenças diferentes.

Observe como essa metáfora pode se aplicar as nossas vidas. A sua parede pode sim ser amarela e a do outro azul, embora você teime que a do outro tenha de ser amarela, somente pela razão de a sua ser amarela também.

Cada pessoa tem um comportamento em particular, uma parcela dele é criada e outra trazida até nós pela ancestralidade, o que cria centros predominantes. Isso quer dizer que todos nós somos pessoas emocionais, mentais ou instintivas. Agimos com essas três atividades, mas temos sempre um centro que predomina.

Se a pessoa é muito emocional, ela observa o mundo com mais comoção, se ela é mental tudo para ela precisa ser filtrado pela razão, se é instintivo, o seu campo é o de agir. É isso que nos faz diferentes!

O modo que você vê a sua cor se baseia nesse princípio também, dessa forma, fica muito claro que cada um tem sua percepção específica.

Agora vamos a algo que não consideramos muito e é realmente importante para sermos imparciais. As pessoas agem no mundo de acordo com as suas crenças, é como se fosse um código de conduta construído por cada um de acordo com suas experiências pessoais.

Mas você já se perguntou como as crenças são construídas? Aprendizado, cultura, religião, família e costumes são alguns dos fatores que colaboram para a construção de uma crença e nos leva a atingir uma afirmação reveladora. Uma crença dita o comportamento da pessoa. Para entender melhor, vamos a um exemplo simplificado dessa afirmação: vejamos a crença de uma pessoa que não pode fracassar. O que será que isso influencia em seu comportamento?

A ideia que está por trás é "se eu fracassar, será horrível, eu não vou suportar".

Ao se convencer de que não se deve fracassar em nada, o indivíduo tenta fugir de novas atividades. O medo do fracasso pode fazer com que ela evite qualquer tipo de risco. Colocando-se na zona de conforto, com o objetivo claro de não errar, a pessoa não faz nada. O que pode acontecer é a estagnação, a paralisia, ela não sai do lugar, vive na zona de conforto, não faz nada. O medo de mudança pode impedi-la de considerar novas oportunidades, novas ideias, novos objetivos.

Muito bem, agora vamos observar como seus pais viviam na época deles, em uma sociedade e cultura diferente da atual, já se perguntou sobre isso? Você acredita que as leis morais de 30 a 40 anos atrás foram as mesmas que estão em vigência hoje? Sim ou não? A resposta é bem clara: não! Você ficaria impressionado como tudo muda tão rapidamente, embora seja claro que muitas dessas crenças ainda se mantenham vivas, pois são extremamente difíceis de serem modificadas ou eliminadas.

Faça uma análise bem prática. Hoje sua parede é amarela, há 50 anos de qual cor ela seria? Há 50 ou 60 anos as pessoas tinham crenças familiares de acordo com a época, vamos analisar esse fato em relação às mães:

- **Mães das décadas de 1930/40:** "A mulher tem que ser boa mãe, carinhosa, dedicada, mas com autoridade para o filho não descambar". "As grandes famílias eram melhores que as pequenas, porque um olhava pelo outro". "Eu nunca pensei em um ideal de filho. Eu só pensava em alimentá-los bem, tratá-los com todo carinho, cuidar da saúde deles, da roupa, da escola..." "Ser mãe é responsabilidade, não trabalho".

- **Mães das décadas de 1950/60:** "Eu não era de falar muito, mas é lógico que eles entendiam que se ficou de castigo é porque fez arte". "Eu não ia a festa, passear ou a lugar algum que eu não pudesse levar as crianças. Eu me dediquei a eles". "O adulto é zelador da criança".

Veja que todo sistema familiar tinha suas próprias crenças, bem complexas e morais e de acordo com inúmeros fatores e em décadas diferentes.

Vamos a alguns exemplos mais bem definidos: havia exclusão por opção sexual; exclusão social por raça, especialmente a negra; o alcoolismo e a agressividade em família eram mantidos como um segredo de família; o divórcio ou separação era quase que um crime, a sociedade via isso de maneira negativa; enfim, a fórmula de felicidade era muito diferente do que é atualmente. O papel do homem e da mulher eram bem definidos. Havia pouca comunicação entre os casais.

Só para termos uma ideia mais ampla, a palavra emocional, terapia, comunicação, eram coisas abstratas para nossos pais, assim como a expressão de afeto, amor e carinho. São todos esses poucos e pequenos detalhes que definem a cor da parede da sua mãe ou do seu pai.

Isso significa algo bem simples, tudo era muito diferente em outras épocas e pouco fazemos ideia disso. Então compreenda, se as regras eram diferentes, o modo de agir também era, isso deve ficar bem claro. No final podemos compreender, a sua parede pode até ser amarela, mas a da sua mãe ou do seu pai poderia ser azul, esse é um fato, uma realidade e precisa ser aceito.

10

PRINCÍPIOS DA LIMPEZA

*Desapegar-se de ideias erradas
gera novos caminhos para o coração.*

Se agora sabemos que as paredes podem ser de cores diferentes para cada indivíduo ou mesmo para cada época, como podemos usar isso para curar nossas feridas?

Todos nós temos feridas emocionais vindas da infância. Muitas podem até transmitir uma sensação de abandono, rejeição, injustiça, vergonha ou traição.

Essas são as cinco feridas mais conhecidas. Quando não devidamente curadas, elas chegam na vida adulta com uma tremenda força e acabam por nos ferir ainda mais.

Se acontecer, por exemplo, de o seu companheiro(a) falar ou fazer algo que toque a ferida do abandono, tudo desmorona.

Tocar feridas é fazer algo que nos lembre de eventos dolorosos de infância, num nível que não percebemos (inconsciente). Essas feridas podem ter sido criadas a partir da sua percepção em relação ao pai, à mãe, aos avós, tios, precisamos entender tudo isso e limpá-las.

Vamos revelar alguns conceitos:

- Voltando um pouco aos capítulos anteriores, é preciso relembrar que existe o pai e a mãe divinos e o pai e a mãe humanos, ou seja, se são humanos, estão abertos ao erro também.

- Antes de você nascer, papai e mamãe eram humanos também e carregavam a carga ancestral (de seus avós, bisavós e tataravós). Colocando isso em perspectiva essa carga é o que chamamos de *carga arcaica*. Para o tempo em que vivemos hoje, essa carga de certa forma é obsoleta, ou seja, repleta de falhas e erros, mas lá atrás poderia ser funcional.

- Em nossa mente, como indivíduos, construímos uma ideia do pai ou da mãe perfeitos, mas eles são muito diferentes dessa ideia adotada e preconcebida, eles são humanos. É importantíssimo que abandonemos a ideia primária de como deveriam ser nossos pais, essa desconstrução é fundamental, adote o princípio de que eles são o que são e você verá o resultado.

- É preciso desiludir, eliminar as ilusões e se manter mais próximo à realidade, num sentido mais amplo, retirar a inocência e perceber que não existe perfeição, e que as coisas não serão do nosso jeito apenas por que queremos que sejam assim, esse é o princípio da infantilidade, então abandone isso.

- Limpe suas feridas e entenda: seus pais não têm culpa. Assim como você, eles também têm seus ancestrais e não são culpados pelo o que eles foram ou pelo que fizeram, quanto menos pelos reflexos que deixaram, e isso é uma corrente ininterrupta. Todos temos nossas dinâmicas antigas, intercorrências que nos influenciam. Não se trata de "achismo" ou "desculpismo", mas de aceitação da realidade. A partir do instante que degustamos dessa nova realidade, sentimos a liberdade de ser. Tenho muitos alunos que gastam a energia de uma vida toda não aceitando seus pais e pior, ainda querem consertá-los.

- Deixe os seus pais serem quem são, lembre-se: consertar não é seu papel, a sua jornada é de cura, para isso, é necessário permitir que eles sejam quem são, viverem à sua maneira e, assim, nas próximas gerações, as repetições não acontecerão. Apenas livre-se do impulso de corrigir e de modificar a estrutura do outro e foque em aceitar e melhorar-se como ser humano.

11

NÃO CRIE RESISTÊNCIA, APENAS ACEITE

*Toda resistência guarda dentro de si
uma fragilidade a ser corrigida.*

Negar os pais é fechar o portal que nos conecta à fonte da própria vida. É cortar aquilo que nos conecta a tudo e a todos que vieram antes deles, nossos antepassados, cada homem e cada mulher que a custo de suor, lágrimas e muitas vezes até sangue fizeram o que era possível para a vida que receberam de seus pais pudesse continuar através de seus filhos.

Mas o que fazemos, na prática, para negar nossos pais?

Negamos nossos pais quando reclamamos demais, a reclamação é a expressão da pura falta de compreensão e ingratidão. Negamos nossos pais quando julgamos e adotamos a ideia de que tudo deve ser de uma determinada maneira, escolhida por nós, e criticamos quando aquilo não funciona. Neste caso, vale observar que, uma vez que pouco sabemos sobre a estrutura ancestral de nossa família, querer ensiná-los como serem pais melhores para nós culmina no mais completo absurdo. Negamos nossos pais quando fazemos exigências a eles, sem ao menos possuir esse direito diante da grandiosidade do que recebemos.

Existe uma expressão na área de constelação familiar que diz que para nossa vida fluir de maneira positiva é preciso "tomar" nossos pais.

Tomar nossos pais é uma expressão da constelação familiar que significa concordar, aceitar, que eles são perfeitos exatamente da maneira que são, e que, independentemente do que tenham feito, ainda assim, diante da vida que nos deram, eles são os únicos pais que podemos ter, são os únicos certos para nós. Se você atualmente se vê em conflitos profundos com seus pais a sua energia ancestral se encontra bloqueada, é como um grande jardim chamado *vida* que, infelizmente, não está sendo adequadamente regado, pois você está pisando na mangueira que emana toda a energia (água) necessária ao florescer.

Para que possamos iniciar o processo de desbloqueio realize abaixo a oração de limpeza e ordem, que promoverá gradualmente o retorno do "fluxo da vida", da abundância em sua existência, "instale" cada palavra o mais profundamente possível em seu ser, até que essa verdade ressoe por gerações e gerações. Se possível, faça essa limpeza por 28 dias. Sente-se, respire profundamente e vamos nos dirigir na seguinte oração:

Eu liberto meus pais do sentimento de que já falharam comigo. Eu liberto meus filhos da necessidade de trazerem orgulho para mim e que eles possam escrever seus próprios caminhos, de acordo com seus corações que sussurram o tempo todo em seus ouvidos.

Eu liberto meu parceiro da obrigação de me completar. Não me falta nada, aprendo com todos os seres o tempo todo.

Eu agradeço aos meus avós e antepassados que se reuniram para que hoje eu respire a vida. Libero-os das falhas do passado e dos desejos que não cumpriram, conscientes de que fizeram o melhor que puderam para resolver suas situações com a consciência que tinham naquele momento.

Eu honro, amo e reconheço inocentes meus antepassados. Eu me desnudo diante de seus olhos, por isso eles sabem que não escondo nem devo nada além de ser fiel a mim mesmo e à minha própria existência que, caminhando com a sabedoria do coração, estou ciente de que cumpro o meu projeto de vida, livre de lealdade familiares invisíveis e visíveis que possam perturbar minha paz e felicidade, que são minhas únicas responsabilidades.

Eu renuncio ao papel de salvador, de ser aquele que une ou cumpre as expectativas dos outros.

Aprendendo através, e somente através do amor, eu abençoo minha essência, minha maneira de expressar, mesmo que alguém possa não me entender.

Eu entendo a mim mesmo, porque só eu vivi e experimentei minha história; porque me conheço, sei quem sou, o que sinto, o que faço e por que faço.

Eu me respeito e me aprovo.
Eu honro a Divindade em mim e em você.
Somos livres.

    Essa antiga bênção foi criada em um antigo idioma Nahuatl, falado desde o século 7 na região central do México, e trata de perdão, carinho, desapego e libertação.

12

O PLENO EXERCÍCIO DO RECONHECIMENTO E A GRATIDÃO

Todo novo caminho exige que olhemos um pouco para o passado.

Vamos a um novo passo rumo à libertação. A dor não resolvida e o trauma que fluem dos antepassados nos mantém presos e isso nos causa dor, ficamos perdidos, incapazes de conhecer nossos dons e viver plenamente o propósito da vida. Tudo começa com essa dor não resolvida.

Essas feridas do passado têm um impacto duro e pesado na vida de cada um no presente momento. Através do trabalho de limpeza das energias ancestrais, temos a possibilidade de resolver e curar nossas emoções e nossas feridas, tornando-nos beneficiários da sabedoria, da força, do amor e dos dons completos da nossa linhagem. Os fardos são transformados em bênçãos.

Não importa quão retorcida a árvore genealógica tenha se tornado, todo mundo tem antepassados sábios e amorosos, cujas energias estão prontas para nos ofertar uma vida profunda.

Relacionar-se internamente com sua linhagem lança luz sobre as bênçãos e as cargas que carregamos em nosso sangue e, certamente, isso ajuda a curar feridas.

Essa maneira de se relacionar pode transmutar os venenos com os quais aprendemos a viver; pode iluminar o próprio senso de propósito e cultivar a conexão com o espírito.

Vou deixar aqui bem expresso algo que sempre decreto em meus cursos sobre o assunto: a Ancestralidade não tem relação com as pessoas mortas, mas, sim, com a energia que elas deixaram impregnadas em nosso sistema energético (ao nosso redor) e em nosso DNA.

Revelo aqui, na verdade, a necessidade imperiosa de conhecer a história de nossos antepassados como uma maneira de entender melhor o próprio tempo presente.

Tem uma frase famosa do filósofo Tchekhov, que diz: "O homem se tornará melhor quando lhe for mostrado como ele é".

Como somos atualmente está baseado em toda uma construção infinita, não somos uma tábula rasa, ou seja, uma folha branca no qual nos vemos aprendendo, agregando e construindo. Essa teoria psicológica não nos ajuda a nos entender e se tornou ultrapassada, assim como não somos apenas a influência do ambiente em que vivemos, somos muito mais que tudo isso.

Para você entender melhor tente fazer a construção da sua árvore ancestral, que vai lhe mostrar de onde você veio. Isso não é algo simples, pois nem sempre temos todas as informações adequadas dos nossos antepassados. Procure seguir duas ou três gerações passadas, isso já vai lhe oferecer uma boa ideia a respeito de seu sistema familiar.

Para compor essa árvore precisamos apenas seguir alguns passos:

- Faça uma pesquisa sobre a sua história familiar. A partir daí, relacione o nome das pessoas de sua linhagem.
- Na primeira ancestralidade teremos os nossos pais, adicione ali seus nomes e, numa folha à parte, registre um pouco sobre a história deles, seus comportamentos, nacionalidade, como cresceram, dificuldades que passaram, trajetória e outros detalhes que achar pertinente. O principal objetivo da construção ancestral é o exercício de descobertas.
- Na segunda linha coloque os pais de papai e mamãe, seus avós paternos e maternos. Quais os seus nomes, raças, de onde vieram o que faziam, todos os detalhes serão bem vindos.
- Na terceira linha, temos nossos bisavós, os pais de nossos avós, eu sei que nem todos têm acesso a essas informações, mas faça a sua pesquisa com familiares para ajudá-lo a coletar e completar todos esses detalhes. Coloque nome, profissão, onde nasceram, datas, tudo o que tiver a sua disposição.
- Por fim, a quarta geração, que certamente será a mais difícil de todas, são os pais dos nossos bisavós. Qualquer informação ajudará a compor a árvore. Você pode anexar os filhos, irmãos, tios, tudo o que for possível.

Pronto, agora você tem em mãos um mapa da sua árvore ancestral. Olhe para ele, entenda-o, veja de onde pode ter vindo certos padrões e comportamentos que estão presentes em você, positivos e negativos, faça sua pesquisa.

Uma dica importantes: converse com membros mais antigos de sua família para descobrir mais informações. Descubra os nomes dos irmãos de seus avós, seus cônjuges e seus filhos. Pergunte para descobrir tanto quanto for possível. Se você tiver sorte, terá a oportunidade de ouvir belas histórias familiares, e alguns segredos também.

Há muitas ferramentas na internet que permitem simplesmente realizar a construção da sua árvore genealógica, por vezes a pesquisa em cartórios da cidade de origem também pode auxiliar, tente coletar todas as informações.

Se você tem acesso a fotografias de seus ancestrais, pode incluir um pequeno retrato de cada pessoa. Essa opção é melhor para árvores genealógicas relativamente restritas, já que as imagens podem ocupar bastante espaço no diagrama final.

Se você tiver apenas algumas fotografias, pode incluir somente as fotos de pessoas de sua família imediata. Tente reunir o maior número possível de fotografias de seus familiares.

Pronto!

13

TRAZENDO A CONSCIÊNCIA

*Quando tiro as vendas
dos olhos o novo se revela,
mas ele esteve sempre lá.*

Vamos ampliar nossos conhecimentos. Nascemos dentro de um sistema familiar que existe há muitos e muitos anos e do qual não sabemos ao certo o seu histórico completo. Foram gerações após gerações que acumularam muitas histórias, muitos fatos e as mais diversas situações, felizes, tristes e até mesmo trágicas, afinal, toda história de vida tem suas complexidades.

Herdamos, por meio dos nossos pais e ancestrais, toda a carga morfogenética vinda de nossos ancestrais. No entanto, não nos damos conta desses padrões, das crenças e até mesmo das repetições de histórias familiares. Vamos analisar com profundidade todo o processo ancestral para quebrar esses círculos viciosos e trazer saúde ao sistema.

Uma das características mais importantes que impedem a limpeza dessa repetição são os mecanismos inconscientes do nosso comportamento e o não conhecimento das influências externas; tomar ciência deles produz um salto extraordinário rumo ao equilíbrio.

Quando essas influências são reveladas ao indivíduo, ele não somente recupera seu poder de realizar novas escolhas, como também a sua liberdade.

Vamos entender essas influências veladas compreendendo a seguinte analogia:

> A todo o momento, centenas, ou melhor, milhares de ondas de rádio cruzam o espaço sem que possamos acessá-las ou mesmo ter ciência de sua existência aos nossos olhos. Porém, assim que um aparelho de rádio é ligado e uma determinada frequência é escolhida, passamos a ouvir imediatamente sua programação, ou seja, ocorreu a sintonia, a ligação entre você e o campo morfogenético. Em meu estudo em particular, cada membro da família é o responsável por "aprovar" que a frequência de sua família seja sintonizada e possa ser captada no ambiente, tudo isso a partir de como os representantes se sentem e se movimentam, é possível perceber os emaranhados ou a desordem com clareza, dando início à sua dissolução.

Dessa forma surge um questionamento importante: Como eram os seus antepassados, seus pensamentos, suas emoções e forma de agir?

Em gerações passadas é possível que tenhamos pessoas dos mais variados tipos em relação a comportamentos, profissões, inclinações e uma série de outros fatores. Essas pessoas podem ter sido inclusive assassinas, prostitutas, doentes mentais, esquizofrênicas, fanáticas, doentias, orgulhosas, ou mesmo pessoas simples, geniais espiritualizadas ou imensamente religiosas. Toda família tem tios ou tias, irmão ou irmãs que nunca se casaram, pessoas que foram negligenciadas, excluídas, expulsas, depressivas, suicidas e todo número de desordem que podemos citar. Por outro lado, existe a mesma possibilidade de essa família ter integrantes como músicos, artistas, atores, médicos, políticos, cientistas, engenheiros, pessoas com talentos incríveis e toda sorte de benefícios possível. Enfim, o que desejo demonstrar é que toda a constituição familiar é um espaço geracional pouco conhecido, descobrir isso tudo pode nos ajudar a compreender melhor nosso sistema.

E podemos ir ainda além, o destino da outra pessoa não é de nossa responsabilidade; é preciso entender definitivamente esse conceito. Cada um faz o seu destino, somos geridos por escolhas, assim, podemos olhar papai e mamãe e verificar que eles fazem seu destino, então pare de carregar qualquer carga de responsabilidade por seu pai, mãe, tio, avô. Pare de ser responsável por qualquer familiar, cada um faz a sua trajetória. É preciso entender, na mente e no coração, que isso precisa parar!

A responsabilidade é individual, mas de certa forma interfere na energia do grupo, como uma marca. Quando escolhas negativas ou perversas são tomadas, em geral o grupo exclui o familiar e o desequilíbrio está formulado. É quando a reconciliação se faz necessária, para isso, vamos ampliar nossos conhecimentos.

E só para reforçar! Pare de carregar as responsabilidades dos outros, cada um deve carregar a sua carga e libertar a si mesmo. Pare de se excluir ou de julgar. Vamos tomar como base os estudos de Bert Hellinger.

A consciência do grupo

Existe uma força, uma instância, que faz com que todo o sistema familiar busque o equilíbrio e a compensação. Lembre-se bem de que o sistema sempre busca equilíbrio e compensação, é o exemplo da natureza sempre imerso nessa dinâmica, a vida se revela assim.

Bert Hellinger defende que os excluídos sejam reintegrados (isso é uma necessidade para se obter o equilíbrio), ou que cada um arque com a responsabilidade pelas suas próprias ações ou, ainda, que as consequências de uma culpa não sejam transferidas dos pais para os filhos ou destes para os netos, cada um deve carregar o que é seu.

> Se aprendermos a incluir essa força, podemos usá-la para restaurar a ordem no sistema, uma ordem que liberte de um destino nefasto ou, pelo menos, que atenue os seus efeitos. Então todos podem respirar aliviados. As forças positivas tornam a entrar em ação e exercem um efeito liberador. Quando a família é colocada em ordem dessa maneira, o indivíduo pode se afastar dela, sentindo às suas costas a força que dela emana e não culpa ou ressentimento. O que nos une são vínculos, eles precisam ser respeitados em todas as circunstâncias. Somente quando os vínculos familiares são reconhecidos, a responsabilidade é vista com clareza e compartilhada entre todos, a leveza se instala. O indivíduo se sente aliviado e pode seguir seu próprio caminho, sem se sentir sobrecarregado e afetado pelo que aconteceu.

Há duas categorias de sentimentos: o amor que cura e o amor que adoece.

O amor no seio da família tanto pode provocar doença como restabelecer a saúde. Não é a família que provoca as doenças, mas a profundidade dos vínculos e a necessidade de compensação. Lembre-se bem disso. Quando se traz isso à luz, esse mesmo amor e essa mesma necessidade de compensação podem, num nível superior, ter uma influência benéfica sobre a doença. Dizer simplesmente que a família provoca doença seria condenar levianamente a família. Não é justo acusá-la. O sofrimento no seio de uma família não se origina porque existe a família.

Assim como é a família, é também a vida. Na família, iniciamos os primeiros passos para se aprender a viver e daí surge a pergunta: como é que o indivíduo organiza sua vida de maneira que seja possível um desenvolvimento? O indivíduo, não importa o que ele anuncie ao mundo, no fundo sempre permanecerá fiel à família, temos que reconhecer a existência única desse amor e afeto profundo, um vínculo existencial.

Vamos entender que podemos olhar nossos ancestrais com um novo olhar, que não devemos excluir absolutamente ninguém do nosso clã, nem nos sentirmos excluídos. Nós pertencemos, essa é a grande lei do amor. Em se tratando de família, nós somos muitas vezes arrastados e guiados por uma força maior, e que hoje ela seja o amor e a reconciliação.

14

A EXCLUSÃO É O PRINCÍPIO DA DESORDEM

Exclusão tem um raio de ação devastador na vida de todos.

 Algumas pessoas são excluídas de um sistema porque "dizem" que elas não são "dignas". Por exemplo, uma pessoa que é viciada em jogos de azar, em álcool ou comete algum crime, certamente será apontada pelos demais como párias da sociedade. Sempre que uma pessoa é excluída desta forma, por alguns dizerem "eu tenho mais direito a pertencer do que ele ou ela", o sistema fica perturbado e faz pressão para que haja uma reconstrução ou uma reparação, é a lei da compensação agindo.

 Quando alguém é separado ou excluído desta forma, a lei entra em vigor, então será "imitado" o mesmo padrão numa geração mais à frente por um descendente, sem que este se dê conta. Este descendente vai se sentir como o excluído se sentiu, comportando-se como ele se comportou e frequentemente acabando da mesma maneira que ele.

O primeiro passo para a limpeza é trazê-los para o seu lugar de direito: quando os excluídos e os maus são tomados no coração e tratados com respeito, tudo a sua volta irá mudar.

Se você observar atentamente, vai perceber que a lei da compensação influencia o código energético do descendente numa provável repetição, mas com a devida conscientização, absolvição e inclusão pode ocorrer um novo processo, a correção. No íntimo, cada um desses familiares está apenas cumprindo um papel, de maneira inconsciente, de uma desordem criada lá atrás pelo próprio grupo.

Os excluídos têm o direito de cidadania em nosso coração.

Vamos realizar um trabalho onde nossa direção seja: "Não há culpas, nem desculpas". A fórmula é o amor e o respeito, "o passado deve poder ser esquecido no coração". Vamos realizar algumas práticas com essa finalidade:

1. Com a sua árvore ancestral pronta, vamos reverenciar, honrar e respeitar cada um dos ancestrais, usando uma oração direcionada para cada um deles.

2. Vamos agora encontrar todos os excluídos da nossa árvore ancestral, sejam quais foram os motivos, e anotar todos os nomes dos familiares que, de alguma maneira, você sinta ou perceba a exclusão, ou que você acredite que se sentiram assim.

3. Para a limpeza você deve realizar uma oração para cada membro e uma reverência por fazerem ou terem feito parte de sua árvore ancestral.

Como muitos leitores sabem eu sou o autor do Livro *Ho'oponopono: o Segredo Havaiano para a Saúde, Paz e Prosperidade*, publicado pela Editora Nova Senda, e tenho imenso apreço por essa técnica de cura e por sua filosofia, que trata todos os membros do sistema familiar com plena honradez e reconhecimento. A grande verdade sobre o Ho'oponopono é que essa prática não se trata absolutamente de conquistar desejos, mas de reconciliar famílias. Verifiquei que na cultura havaiana não existe nenhuma exclusão, mas, sim, a demonstração da compreensão de que cada um é responsável por suas ações, que o grupo também tem seu papel fundamental em contribuir com amor, com o perdão e a gratidão por cada ato realizado por seus membros.

Por milênios essa cultura manteve-se saudável com essa filosofia prática, da mesma maneira, vamos utilizar um de seus rituais com a intenção de abrir todo o nosso coração e tomarmos em mãos a grande responsabilidade por acertar a energia familiar e assim curar a linhagem ancestral.

Exercício sistêmico para honrar os pais

Pegue dois pedaços de papel e escreva o nome de seus pais. Um pedaço para o nome da mãe e um para o nome do pai. Coloque estes papéis à sua frente. O pai à sua direita e a mãe à sua esquerda. Visualize os dois à sua frente. Agora repita em voz alta:

Eu honro a história de cada um de vocês, mas deixo o que é de vocês com vocês e fico apenas com aquilo que é meu. Eu olho para vocês com um grande respeito e me sinto livre para viver a minha própria história.

Agora, agradeça seus pais com uma leve reverência.

Exercício sistêmico para aceitar os excluídos com amor

Faça a oração para cada familiar excluído. Usaremos a oração chamada de *Coração a coração*.

Primeiro esteja num lugar calmo, tranquilo, sereno e respire profundamente. Em seguida inicie dizendo:

Querido familiar, gratidão por fazer parte de nosso sistema familiar e de ter cumprido sua função aqui neste mundo, abrindo o caminho para todos nós, levando consigo cargas que eu mesmo não precisei levar.

Em nome de todo o nosso grupo familiar coloco você dentro do coração da alma de nossa família, como tem de ser.
Hoje olhamos para você com amor e respeito e o incluímos em nossos corações, de forma amorosa e perto de cada um de nós.

Aqui você está preenchido com nossa luz amorosa.
Aqui o seu retorno ao seu lugar de direito está garantido.
Aqui não há mais segredos.

Que sejamos luz para todas as histórias de violência e ruptura entre casais, pais e filhos e entre irmãos, assim, abrimos caminho ao entendimento e a união.

Que sejamos luz para limpar todas as memórias de limitação e pobreza, a todas as crenças desestruturadas e negativas que permeiam o meu sistema familiar.
Que sejamos luz trazendo uma nova esperança, alegria, união, prosperidade, entrega, equilíbrio, ousadia, fé, força, superação e amor, amor e amor.

Que todas as gerações passadas e futuras sejam agora,
neste instante, cobertas pela harmonia, pelo amor,
pela vida e que assim se reestruture e restaure a alma
e todos os relacionamentos.

Que a força e a bênção de cada geração alcance sempre
e inunde a geração seguinte.

Que tudo esteja limpo, corrigido
e fluindo em profunda harmonia.

Gratidão, gratidão, gratidão.

Seja aceito a nossa alma familiar.

15

INDIVIDUALIDADE E RESPONSABILIDADE

Nossa paz se resume em ter consciência no momento da tomada de decisões.

Existe um processo chamado de individuação, que deve ser devidamente esclarecido, pois é de entendimento que ele é fundamental para que você possa compreender o seu papel no grupo e mesmo no universo, em um sentido mais amplo, em que vive. Jung, o eminente psicólogo, entendia a individuação como um processo que significava o mesmo que tornar-se um ser único, alcançar uma singularidade profunda, tornando-nos o nosso próprio Eu. Assim, somos indivíduos únicos, uma estrela nesse imenso Universo, deslocando-nos frequentemente, evoluindo, realizando nosso próprio movimento, construindo a nossa própria jornada e buscando o nosso brilho próprio, o lugar de direito, como diz Jung: *construindo-se*.

A direção em relação ao seu destino é pessoal e deve ser direcionada ao crescimento, à evolução. É você que deve permanecer na posição de autorresponsabilidade sobre sua história pessoal. Pense comigo, seu destino não pode ser conduzido por emoções descontroladas, dores e feridas, você pode e deve fazer um destino melhor.

Para isso se faz necessário um salto na consciência, onde você deve abandonar o vitimismo e iniciar uma orientação pessoal mais profunda, sem determinar vítimas ou juízes, alunos ou professores, em se tratando de ancestralidade, isso deve ser devidamente banido, somos seres livres tecendo a nossa própria história,

Se eu construo a minha história, preciso entender o que guardo dentro de mim, o que devo deixar ir e o que preciso agradecer e respeitar.

O primeiro passo é o de aprender, definitivamente, a autorresponsabilidade, após introduzi-la de maneira integral em sua vida, eu posso garantir que nada será mais como antes. A autorresponsabilidade não é uma palavra longa e assustadora, mas, sim, um exercício diário de amadurecimento sincero, um poderoso decreto de nossa vida. Você é responsável por suas escolhas e suas reações, sem desculpas, sem culpas.

Para alguns, a autorresponsabilidade é igual à culpa, e isso é uma visão completamente imatura, pois ela tem mais a ver com libertação.

Delegamos a responsabilidade de nossa educação moral exclusivamente aos pais. A responsabilidade da nossa educação escolar exclusivamente à escola. A responsabilidade pela nossa saúde exclusivamente aos nossos médicos, "eles têm a obrigação de encontrar a causa da doença e nos curar, já que estudaram para isso", muitas pessoas pensam assim.

Certamente as pessoas que se condicionam a essas crenças ou formas de pensamentos têm dificuldades e até mesmo uma recusa em entender o sentido dessa palavra tão profundamente carregada de significado.

O primeiro ato de autorresponsabilidade já ocorre justamente nos primeiros minutos de vida, quando, para permanecermos vivos, somos naturalmente impelidos pelo impulso da vida a respirar pela primeira vez, uma atividade que perdura como sendo de nossa exclusiva responsabilidade até o último suspiro.

A responsabilidade é tomar nas próprias mãos a nossa vida e não deixar que outras pessoas façam isso. É buscar o autoconhecimento para saber o que ou quem nos faz mal e nos afastar quando necessário, sem nos culpar e muito menos aos outros. Essa é uma forma lúcida de se viver. É buscar também conhecer tudo o que nos faz bem, para podermos nos aproximar de tudo isso e nos fortalecer, seja no nosso comportamento, seja na nossa força espiritual.

É deitar um olhar a si mesmo sem qualquer julgamento ou culpa, apenas buscando identificar o que precisa ser definitivamente modificado. É ser capaz de se perdoar e também de aceitar as próprias fragilidades e limites como uma tarefa de aperfeiçoamento diante da trajetória da vida, e assim, buscar as melhores ferramentas e intenções para se fazer isso. É saber até que ponto conseguimos ou podemos andar sozinhos, mas sempre entendendo o momento exato de pedir ajuda para transpor dificuldades, das quais, talvez, nem sempre conseguiríamos sozinhos, sem ter nenhuma dependência, mas, sim, conquistando um aprendizado para andar com seus próprios pés.

Na sua jornada sempre existirá dificuldades ou barreiras, mas a vida os coloca como forma de pequenos ensinamentos, elas sempre estarão presente nos levando a despertar o melhor dentro de nós, nunca o pior, mas cabe a você essa decisão. Existe um decreto denominado de "Decreto da Autorresponsabilidade", no qual você pode realizar determinado exercício por 30 dias, recitando-o diariamente pela manhã, esse processo impulsiona e resgata uma compreensão poderosa sobre o seu papel como indivíduo em seu grupo, uma estrela que brilhará mais forte em sua constelação.

Decreto da Autorresponsabilidade
(recite por 30 dias)

Eu escolho não colocar mais o peso de meu abandono infantil em meu relacionamento afetivo. Escolho não deixar a rejeição cortante da minha infância desfazer os laços de amor. Se a relação está feliz ou triste, vou lidar com meu lado adulto, afinal, são coisas da vida. Minha criança ferida não chora suas lágrimas por cima de ninguém. Chorará em meu colo de acolhimento em momentos apropriados.

Escolho não ser dominada pela ganância faminta de minha criança no momento de usar o dinheiro que ganho com meu trabalho. Já sei que essa fome não cessa, que não há medida de satisfação. Aprendi que dinheiro é minha colheita e é sagrado, e não desvalorizo mais o valor do que dou ao mundo com meu serviço e ofício. A criança não trabalha e não lida com dinheiro.

Escolho não deixar nas mãos de minha criança ferida a decisão do que e quando comer, me alimentar. Sei que ela sente que o açúcar ou o álcool vão finalmente preencher seu vazio de não ter sido vista, ouvida e considerada.

Já compreendi que o que alimenta esse buraco é sentir plenamente a minha dor, tomando essa responsabilidade em minhas mãos, com pulso firme e de forma amorosa. No entanto, escolho comer com prazer, desde que seja comer para apreciar os sabores, e não para entorpecer o desespero da solidão.

Escolho não fazer sexo e dar meu corpo para receber segurança de qualquer tipo, atenção ou aprovação. Essas são as necessidades infantis não satisfeitas, e não são razão para fazer sexo. Compreendi que criança não faz sexo e escolho fazê-lo para compartilhar de mim e de meu prazer, sem trocas escusas e camufladas. Sexo é poder, energia vital e felicidade. Eu dou, sou, estou e, assim, também recebo de quem tem o mesmo tamanho que eu. Dou quando escolho dar, recebo quando me abro, determino e ponho em ação o meu ser objetivamente no mundo.

Escolho parar de reclamar e dar de mim para a vida. E o passo fundamental é a autorresponsabilidade que tomo pelas minhas faltas e ações.

Admito que já recebi tudo de meus pais, e o que ainda me falta, eu mesma vou buscar. O que é de meu pai e o que é de minha mãe, deixo com eles. Fico com o que é meu. Essa é a minha valiosa tarefa de discernimento.

Vou para a Vida de mãos dadas com minha criança e sou a melhor mãe que ela poderia ter. Aceito as dificuldades da vida e escolho crescer com elas. Assim é. Agradecendo aos ensinos, aos professores e à Vida, eu sigo.

16

BLOQUEIOS DE ENERGIA E O ADOECIMENTO DO CORPO

Tudo na vida segue um fluxo, quando não respeitado se transforma em dor.

Certamente você deve ter atingido um ponto de profundo despertar em relação ao poder da sua responsabilidade, dessa forma, também é necessário fazer as pazes com suas culpas, raiva e medos e, assim, limpar o seu coração dessas emoções que determinam certo afastamento do senso de responsabilidade.

Observe esses cinco fundamentos que devem ser maturados dentro da sua mente, para se tornarem verdades libertadoras e auxiliarem nesse processo de conscientização.

1. Emoções são fundamentais, especiais e necessárias. Sentir, expressar-se, entender faz parte integral de nossa natureza humana, se bloqueamos nossas emoções, simplesmente adoecemos.

2. Emoções foram feitas para seguir um fluxo, vir e ir e pronto, cada vez que você deixa de sentir, isso determina

um bloqueio. Cada vez que você se apega a uma emoção a doença mental se instala.

3. Se você se agarrou a alguma emoção, isso se chama apego emocional. O processo para se libertar de tudo isso começa com a aceitação da realidade e, por consequência, de sua compreensão, assim o desapego será gradativo.
4. Emoções que ficam deterioram e acabam por danificar outras emoções e o seu próprio corpo, se você tem raiva, por exemplo, precisa expressá-la da melhor maneira possível, caso contrário ela age em seu próprio estado mental e físico e encontra raízes dentro de você.
5. Se você ergueu paredes ou bloqueios para não sentir determinada emoção, lembre-se de que elas já estão dentro de você. Construir paredes ou bloqueios é puro autoengano, essas emoções simplesmente ficarão com você por um longo período de sua vida, como fantasmas.

Veja agora quais as áreas mais comuns em que guardamos culpas e repressões emocionais.

Área da raiva: aversão por coisas antigas, brigas familiares, condicionamentos, violação do corpo, abuso, estupro e frigidez podem despertar o sentimento de raiva ou até de fúria.

Área da rejeição: abandono, crítica, julgamentos, repulsa de si mesmo, tudo isso pode trazer aquela conhecida "dor no coração". É preciso se libertar de tudo isso e fazer as pazes com suas emoções e com si mesmo.

Área da vergonha: quando se instala a baixa autoestima, um poderoso processo destrutivo de autocrítica leva o indivíduo a sempre se achar não merecedor das coisas positivas da vida, como alegria, felicidade e outros. Isso faz com que ele se sinta inferior o que acarreta a sensação de vergonha.

Área do coração: muita tristeza. Pode ter vivenciado diversas experiências de perdas, o que ocasiona melancolia, luto, solidão, desilusão ou falta de amor próprio.

Área do fardo: muita responsabilidade pelos outros. A pessoa pode sentir um peso nas costas, os sinais mais frequentes são quando atinge a área da garganta, ela não consegue se expressar ou falar sobre assuntos emocionais e também se instala o processo de perda de autoconfiança.

Área do medo: fobias, medos em geral e perda de controle. A pessoa passa a entregar o controle e a responsabilidade aos outros, causando dependência e baixa autoestima.

Agora vamos avançar um pouco e realizar um inventário dos bloqueios para que, num processo seletivo, consigamos trabalhar e nos desapegar desses sentimentos limitantes.

Exercício proposto: escreva em um papel a seguinte frase "Eu (seu nome) tenho todos esses sentimentos dentro de mim". Escreva todos os seus sentimentos que existem aí dentro de você, permita colocar tudo no papel. Pode ser ressentimentos, mágoas, raiva, ódio, rancor, amargura, sentimento de rejeição, culpas a determinadas situações, apenas vá escrevendo tudo o que vier prontamente em seu pensamento.

Agora escreva na frente de cada sentimento ou grupo de sentimentos uma pergunta chave: "Por quem eu sinto tudo isso?".

Muito bem, identificamos sentimentos e agora nomeamos a fonte. Pode ser em relação a várias pessoas também, para facilitar, coloque o nome dessas pessoas na frente.

No próximo passo você vai precisar escrever uma carta. Basta escrever em detalhes os motivos disso tudo, ou seja, como você se sentiu e qual foi a motivação, o porquê de aquilo ter acontecido, como se estivesse conversando com a pessoa que o machucou. Faça isso individualmente para cada pessoa, leve o tempo que for necessário. Quando terminar de escrever essa carta, leia novamente. Não julgue, não distorça, apenas leia. Cartas terapêuticas têm um papel importante no desbloqueio e entendimento das emoções.

Por fim, vamos pensar juntos sobre alguns tópicos importantes para se desvincular disso tudo:

1. Culpa, raiva ou medo imaginário não lhe dará nada positivo em troca.
2. Antes de culpar alguém, analise seu propósito em culpar e pergunte-se: Deve haver um motivo pelo qual vou culpar essa pessoa, qual a finalidade disso?
3. Pense, será que a origem da culpa pode ser a falta de comunicação adequada, tente localizar o que faltou como uma solução necessária.
4. Agora o próximo passo. Deixe, inicialmente, a paciência fazer parte de seus comportamentos e entenda que cada pessoa é dona do seu destino, cada um é o que é, um indivíduo, que se expressa por determinados comportamentos, onde muitos deles podem ser mal elaborados, doentios e herdados, pense apenas isso.

A família tem grande participação nos nossos sentimentos. No exercício anterior, buscamos fazer com que você reconheça alguns sentimentos que possam estar bloqueando a sua vida. Agora que encontramos os devidos motivos e com uma nova mentalidade, você poderá elaborar melhor e digerir várias questões e, assim, implantar o desapego e a aceitação. Isso tudo poderá ser feito através de uma compreensão mais profunda, existe a grande probabilidade de que esses sentimentos possam estar ligados às pessoas que estão no seu convívio diário ou até mesmo naquelas que já se foram e que, de certo modo, impede a sua tranquilidade de consciência ou a paz interior.

Vamos estabelecer, então, um exercício de fechamento para que o equilíbrio e a harmonia possam reinar.

Não sei ao certo quantas cartas você escreveu, mas vamos realizar este ritual de forma individual. Pegue a primeira carta, leia atentamente e, no final, apenas diga

Eu reconheço cada sentimento que experienciei e me perdoo por até hoje estar sentindo tudo isso, eu me liberto e libero você com amor e gratidão.

O importante é conectar-se com esse sentimento de liberdade e deixar ir as ideias de justiça, punição, culpas ou qualquer outro sentimento doloroso, a palavra-chave aqui é liberação e perdão.

No final, queime essa carta e sinta todos os ressentimentos, raiva, rancores, mágoas sendo transmutados em luz pelo elemento Fogo; perceba que tudo já passou e virou cinzas, agora podemos recomeçar de uma nova maneira, esse é o sentido do renascimento e deve ser conduzido por um ritual solene, particular e curativo.

*Apenas coloque as coisas em ordem
de valores e tudo se ajeita.*

17

O PODER DAS CRENÇAS

*Nossos valores determinam nosso destino,
e eles estão alicerçados no que acreditamos.*

O poder das crenças possui impacto profundo na sua forma de pensar, sentir e agir. Essa afirmação é o ponto de partida para que muitas questões negativas se dissolvam.

Como eu penso sobre determinadas situações está intimamente relacionada a toda uma série de crenças. Todo o seu modelo mental operacional pode ser provido de uma estrutura arcaica de crenças e pensamentos ultrapassados, e isso pode estar mantendo você cristalizado a um conjunto de conceitos que chamamos de *primitivos*.

Vamos analisar: uma ideia atual pode ser construída e validada para hoje, mas não necessariamente para amanhã, afinal, elas servem apenas para cumprir um papel do momento.

As ideias de ontem, do passado, são chamadas de arcaicas. No aqui, agora, elas podem não ajudar você a se equilibrar ou a ver o mundo com olhos mais amorosos. Muito pelo contrário, elas podem ser bloqueadoras de sua verdadeira expressão. Em geral, essas ideias têm a tendência de serem difíceis de dissolverem, e essa resistência pode nos impedir de progredir.

Para que você possa dar o primeiro passo rumo a outro patamar de mentalidade, vai precisar reformular um pouco suas definições.

Vamos inicialmente nos questionar: Será que algumas de minhas ideias e crenças não são ultrapassadas, por isso me sinto tão limitado em meu mundo de possibilidades?

Será que lá atrás no passado elas valiam algo? A resposta a essas perguntas é SIM. Muitas das crenças antigas possuíam uma compatibilidade com a realidade do momento, lá atrás, no tempo, porém, somos seres evolutivos, tudo na vida possui um dinamismo incrível e segue leis evolucionárias e adaptativas. Se dentro de nossas fórmulas mentais mais íntimas ainda mantemos pensamentos arcaicos, estamos fundamentalmente presos ao passado. Vou exemplificar a necessidade de adotarmos esse conceito de dissolução:

Imagine-se quando criança, entre 6 a 8 anos de idade, você percebe mamãe e papai discutindo, isso ativa seus centros emocionais, causando muita insegurança, por vezes até culpas (você ficaria surpreso com tantas e tantas coisas fantasiosas e imaginativas que podem passar na mente de uma criança com essa idade).

No auge da discussão, você escuta a seguinte frase vinda da sua mãe: "Homem nenhum presta mesmo". Essa expressão fica guardada em sua memória, ela é plantada e associada ao medo e a insegurança, uma ideia foi criada, uma verdade, e com o tempo ela pode até ser reforçada. Em geral, uma memória fica muito mais retida em sua mente quando emoções fortes estão envolvidas no processo.

Você então chega à fase adulta com essa ideia central sobre os homens, acredite, isso pode ter um impacto em sua vida, principalmente se as forças ancestrais se alinharem a essas ideias e as reforçar, devido às experiências negativas vivenciadas por membros do sistema familiar.

Como resultado, podemos ter dificuldades nos relacionamentos afetivos, com múltiplos divórcios, perda de autoestima, depressão, infidelidade e outros fatores.

Isso é o que chamamos de crenças decretadas: é preciso fazer a quebra desses decretos.

Vamos analisar algumas dessas crenças limitadoras e ver se você consegue identificar algumas delas, pare e aplique um exercício simples e funcional, chamado de Exercício de Afirmação da Contraparte.

Ao identificar a crença, você deverá realizar, por 28 dias consecutivos, a declaração de uma afirmação que está citado abaixo da crença. Isso vai desconstruir a ideia inicial, você deve apenas repetir, por cinco minutos, três vezes ao dia, essas afirmações, até que elas se instalem como uma nova proposta.

Vou dar um exemplo e deixar aqui a lista completa e as devidas afirmações para alterar essas estruturas mentais.

Crença: "A vida é um revés após o outro."

Afirmação correta: "A vida é sucesso, alegria e facilidade, começando agora."

Se para você a vida é feita de desgraças, desastres e coisas ruins, ou se você sempre tem aquele sentimento de que algo mau vai acontecer, esse pensamento arcaico está presente.

O que fazer então? Use por 28 dias a afirmação positiva e concreta.

A vida é sucesso, alegria e facilidade, começando agora.

Essa prática destituirá de você essas crenças arcaicas e dará lugar a novos aspectos mais saudáveis. Essa é a prática da desconstrução.

Pensamentos arcaicos x afirmações

Crença: "É minha responsabilidade manter a família unida".
Afirmação correta: "Nunca foi ou será de minha responsabilidade manter a família unida, começando agora."

Crença: "Não estou segura e protegida."
Afirmação correta: "Estou sempre segura e protegida, começando agora."

Crença: "Eu sou responsável pelos problemas de todas as pessoas."
Afirmação correta: "Eu sou responsável apenas pelos meus problemas, eles são somente meus desafios. Eu nunca fui e nunca serei responsável pelos problemas dos outros, começando agora."

Crença: "Tudo o que acontece de errado é minha culpa".
Afirmação correta: "As coisas que não dão certo não são culpa minha, começando agora."

Crença: "As pessoas são más."
Afirmação correta: "As pessoas são boas, começando agora."

Crença: "A única maneira de obter atenção é cometer erros."
Afirmação correta: "Cometer erros não é a única maneira de obter atenção, começando agora."

Crença: "Eu sou o que eu era."
Afirmação correta: "Eu não sou o que eu era. Eu sou o que eu vou ser, o que minha alma deseja para mim, começando agora."

Crença: "Eu não tenho permissão para ter minhas próprias ideias e sonhos."
Afirmação correta: "Eu tenho total permissão para ter e seguir meus próprios ideais pensamentos e sonhos, começando agora."

Crença: "Eu não estou bem."
Afirmação correta: "Eu estou sempre bem, começando agora."

Crença: "Eu não tenho permissão para ter ajuda."
Afirmação correta: "Eu estou sempre autorizado a ter ajuda, começando agora."

Crença: "Mudanças não são permitidas, não é bom mudar."
Afirmação correta: "Mudar é sempre permitido, começando agora."

Crença: "Os ataques de raiva são necessários nos relacionamentos para ajudar as pessoas".
Afirmação correta: "Ataques furiosos são sempre destrutivos. Amor e harmonia ajudam as pessoas nos relacionamentos, começando agora."

Crença: "Eu não consigo confiar em mim mesmo."
Afirmação correta: "Eu sempre posso confiar em mim mesmo, começando agora."

Crença: "Só posso amar outras pessoas."
Afirmação correta: "Eu estou autorizado a amar as outras pessoas e a mim mesmo, começando agora."

Crença: "Eu devo controlar as coisas para estar seguro."
Afirmação correta: "Eu posso desistir do controle e ainda estar seguro, começando agora."

Crença: "Outras pessoas podem me controlar."
Afirmação correta: "Outras pessoas não estão autorizadas a me controlar e jamais estarão, começando agora."

Crença: "Eu não tenho permissão para me sentir satisfeito comigo mesmo."
Afirmação correta: "Eu tenho permissão para me sentir satisfeito comigo mesmo, começando agora."

18

TRAUMAS X BLOQUEIOS

Traumas podem deixar cicatrizes, mas não nos impedem de seguir de forma diferente.

Sabemos, neste momento, que crenças podem nos manter cativos a uma série de pensamentos arcaicos e primitivos e ainda fixar as dores emocionais, que também realimentam uma série de conexões entre os apegos.

Vou exemplificar para que o conceito fique bem claro: você pode ter uma mágoa guardada em relação a sua mãe, ela foi sentida ou gerada na infância, você sentiu uma emoção de rejeição, passaram-se muitos anos e ainda hoje, com seus 50 anos, ainda carrega essa sensação.

Tudo isso significa que você passou mais da metade da sua vida reforçando esse sentimento com todas as experiências que estiveram ao seu redor, não somente em relação a sua mãe, mas também com outras pessoas, reforçando a rejeição.

Essas experiências são a sua percepção, a sua interpretação pessoal, nem sempre elas estão diretamente ligadas a um fato concreto. Dia após dia você está apegado à sua mãe por esse sofrimento, como um sistema contínuo de cobrança, querendo saber o motivo da rejeição e buscando sair desse sentimento.

Dia após dia você entregou a responsabilidade de sua vida emocional à sua mãe, isso ela estando agora viva ou não, você ainda continua apegada a ela por esse mesmo sofrimento. Ao deixar ir o sofrimento, você se entrega, rende-se e, no íntimo, deixa ir um pouco de sua mãe, esse é o desligamento, mas por amor, pela compreensão.

Na verdade, essa prisão é realizada por uma conexão arcaica entre mãe e sofrimento. E é aí que está o apego presente, que colocou em cada célula do seu corpo a dor, no caso a rejeição. Agora é preciso se desapegar desse sentimento para seguir a sua história.

Você já se perguntou: "O que farei se eu me render?", "o que farei se essa dor acabar?", "o que farei da minha vida depois disso?".

A pergunta chave é: "O que está me tornando sempre apegado a essa rejeição, a essa dor, a esses fatos?" A resposta não poderia ser outra: o apego é gerado pelo seu juiz interior.

Render-se é parar de julgar, não há necessidade disso, é também parar de reagir e, de uma maneira mais madura, agir com responsabilidade, tomando para você o comando, o controle e a responsabilidade de sua vida.

Na ótica da ancestralidade, a criança que se sentiu rejeitada, agora, na fase adulta, passa a querer assumir um papel de pai ou de mãe e vai, de alguma forma ou intensidade, repetir a equação que não foi resolvida, no caso o padrão da rejeição, podendo, assim, rejeitar seus filhos de maneira até inconsciente. Rejeição, neste caso, é uma dor de separação.

Existem muitos padrões além da rejeição como, abandono, traição, injustiça ou vergonha, tente identificar quais desses sentimentos é o mais forte e realize um exercício de tomada de decisão, de eliminação ou libertação dos traumas.

Exercício de libertação dos traumas

1. Encontre a primeira memória, a primeira lembrança que fez você se sentir refém de algum dos padrões citados anteriormente. Procure descobrir o que de certa forma o bloqueia, em geral é uma sensação de separação, seja do seu pai ou da sua mãe, tente descrever esse momento que, aqui, chamamos de *momento zero*, onde a memória e a ferida estão localizadas. Apenas seja um observador, não se envolva com o momento ou a com a emoção.

2. Anote esse momento com todos os detalhes em sua agenda e, por se tratar de um exercício inovador, procure realizá-lo com muita cautela.

Vamos recapitular os dois primeiros passos e seguir adiante. Primeiro identifique o trauma e a emoção que o está bloqueando – uma rejeição, por exemplo, é o medo da separação –, depois identifique a pessoa envolvida, pai, mãe ou outra pessoa. Agora vamos continuar:

3. Sente-se de forma ereta em uma cadeira e respire profundamente, inspirando o ar pelo nariz e soltando lentamente pela boca. Mantenha os olhos abertos e repita a respiração por mais duas vezes. Inspire, retenha e solte o ar, tudo naturalmente. Agora, feche os olhos

e respire naturalmente. Descanse suas mãos em suas coxas com as palmas voltadas para cima.

4. Agora, lentamente, estenda os braços à sua frente, mais e mais, como se estivesse estendendo a mão para alguém. Continue sentado, sentindo suas costas se tornarem mais eretas enquanto estende os braços cada vez mais. Procure em sua mente sua mãe ou seu pai (você deve escolher aquela pessoa na qual tem alguma identificação com esse sentimento que deseja libertar).

5. Permanecendo nesta posição, torne-se consciente de quantas vezes em sua vida, de quantas maneiras, você se afastou dessas pessoas, em vez de se voltar para elas. Permaneça nessa posição, mesmo que ainda seja difícil no momento. Mova apenas seus braços e suas mãos, que continuam abertas para frente, ainda mais, e as costas também continuam eretas, sem desencostar da cadeira.

6. Mentalmente, abra os olhos, bem devagar. Lembre-se de que não é para abrir os olhos fisicamente, use a sua imaginação e observe ao seu redor o ambiente, com tudo o que tem nele, essa é uma visualização intuitiva, perceba tudo à sua frente, dos lados e atrás de você.

7. Nesse momento de percepção, abra os seus sentidos da audição de forma ampla. Ao olhar ao seu redor, imaginariamente, além do ambiente, veja as pessoas. Elas estão lhe dizendo algo, falam, dão instrução e, juntos, você e essas pessoas, estão inclinados para a sua mãe e para todos, em amor e confiança, todos unidos.

8. Realize mais três respirações profundas. Primeiro inspire, depois solte, naturalmente. Faça esse ciclo

por três vezes. Continue sentado com as costas retas, ligeiramente inclinadas para a frente.

9. De repente um sentimento de conexão diferente de tudo que já viu se apresenta, colocando em comunhão com muitas pessoas, tudo está claro, audível, você se sente voltando para elas de forma profunda. Nesse instante, mamãe ou papai, volta-se em sua direção E você sente o bloqueio, aquela força que não lhe permite ir em direção a eles. Olhe para sua mãe ou para seu pai, mas olhe da mesma maneira que os via quando criança. Mesmo que a dor, a frustração e a raiva que sentir esteja se formando, dê um pequeno passo em direção a ela – com amor e por amor.

10. Agora, visualize-se parada na frente dela ou dele, olhamos em seus olhos e esperando a coragem e a força para dar o próximo passo. Faça uma pausa novamente, sinta e, conscientemente, reconheça seus sentimentos por dentro, tente suportá-los, com amor por si mesmo e por seu pai ou sua mãe. E então, corajosamente, dê o próximo passo, de forma lenta, pequena. Novamente, dê mais um pequeno passo, depois outro, até que no final pouse nos braços de sua mãe ou pai.

11. Você está soltando toda a resistência, jogue-se em seu corpo, abrace, sinta-se firmemente segura por eles. Finalmente, de volta com a sua mãe ou com o seu pai, juntos de novo, com todo o amor de criança que nunca deixou de existir, sinta todo esse amor, o amor materno, o amor paterno que nunca nos deixou, vocês estão juntos novamente.

12. Vamos finalizar, então, respire fundo, agradeça com amor e, lentamente, respire e abra os olhos. A resposta positiva deste exercício é sentir-se leve, agradecida e sentir que a rejeição, ou qualquer outro sentimento negativo, simplesmente desapareceram.

19

SAÚDE FÍSICA E EMOCIONAL

*A saúde significa equilíbrio,
a doença desajuste e compensações.*

A ancestralidade guarda também uma grande relação com a integridade da saúde física.

Muitas vezes, somos portadores de diversas doenças que nos acompanham de forma hereditária e mesmo ancestral. A exemplo disso, temos diabetes, lúpus, artrites, diversos tipos de câncer e muitas outras doenças que são hereditárias, ou seja, estão presentes como uma marca presente no DNA e podem se manifestar em sua vida. Cada uma delas pode, de alguma forma, ser dominante e expressiva, outras podem estar apenas incubadas, aguardando apenas o estímulo certo para disparar o gatilho para que possam ser ativadas.

O gatilho pode vir de vários fatores, desde processos físicos, como os desgaste que nos impomos, a distúrbios emocionais ou energéticos. Um exemplo clássico é um gatilho de distúrbio de tireoide que pode ser ativado por um trauma emocional recente.

Neste âmbito, vamos abordar o nível em que as energias ancestrais possuem e também o poder que essas energias tem de disparar gatilhos de doenças no nosso corpo físico.

Observe as suas emoções e questione-se:

De que, ou de quem, uma doença pode querer nos lembrar?

Essa é uma ótima pergunta a ser feita em se tratando de gatilhos ancestrais.

A vida e sua felicidade são marcadas pelas atitudes que você adota diante dos seus pais e da história da sua família, quando nos defendemos ou nos recusamos a reconhecer o que nos pertence, muitas vezes somos lembrados, por uma doença ou por um sintoma, daquilo que excluímos, novamente temos em ação a lei da compensação.

A história de nossa família nos pertence. Estamos a ela vinculados, é uma parte de nós impressa em nossa personalidade, com todas as forças e fraquezas que temos.

Certos sintomas e doenças são associados a diversos acontecimentos e condições que provocaram na pessoa a perda da vinculação com a família ou a insegurança quanto a esse atrelamento ou, ainda, as dinâmicas de culpa ou de destinos trágicos na família.

Apegamo-nos a muitas doenças e sintomas pelo desejo de proximidade com nossos pais ou pela necessidade de pertencer à nossa família. Muitas vezes atua aí uma necessidade inconsciente de compensação, quando nos sentimos culpados ou exibimos uma pretensa reivindicação de algo que acreditamos ser de nosso direito, ou então uma doença que nos obriga a uma parada quando infringimos uma ordem com nossa atitude ou nosso comportamento desequilibrador.

As experiências e vivências traumáticas nas famílias em geral causam o medo a todos os seus membros, por gerações. Isso também provoca separações entre pais e filhos, entre gerações passadas e futuras.

Precisamos mudar nosso caminho num movimento de cura. Existe um texto que revela essa imperiosa necessidade de mudar a rota.

> Tudo aquilo de que me lamento ou me queixo, quero excluir. Tudo aquilo para qual aponto um dedo acusador, quero excluir. Toda pessoa que desperte a minha dor está tentando excluí-la. Em cada situação em que me sinto culpado, estou me excluindo.
>
> Desta forma, vou ficando cada vez mais empobrecido. O caminho inverso é: a tudo de que me queixo, olho e digo: "Assim aconteceu e agrego em mim, com todo o desafio que isso representa para mim".
>
> E afirmo: "Irei fazer algo com o que me aconteceu. Seja o que for que me tenha acontecido, tomo-o como uma fonte de força, não de fraqueza".
>
> É surpreendente o efeito que se pode observar neste sentido.

Vamos agora observar, baseados na Constelação Familiar, algumas poucas doenças físicas e seus respectivos bloqueios emocionais e a relação com seus familiares.

Nada disso implica em regras, são apenas algumas observações que venho destacando ao longo desses anos de atendimento.

Dependência química (inclusive álcool): falta do pai. Pode ocorrer de o pai do cliente precisar ser acolhido no coração da família, trazido de volta e considerado sem julgamento. O pai desprezado pela mulher pode levar a criança ao vício.

Doenças de pele (psoríase, dermatite, herpes): somando-se ao que já se sabe da etiologia dessas doenças, elas podem ocorrer também quando um sentimento ruim de um ex--parceiro é deslocado para um filho do segundo casamento. A segunda mulher deve pedir que as crianças sejam vistas com benevolência.

Epilepsia: há um suposto impulso assassino em direção aos membros da família. A convulsão impediria a expressão desse impulso.

Gagueira: distúrbios da fala denotam atitudes conflitantes ou segredos na família. Alguém pode ter sido mantido em segredo, ausente, sem ter chance à palavra. A pessoa olha como se perguntasse se tem permissão para falar.

Psicose, esquizofrenia, bipolaridade entre outros: somando--se ao que já se sabe do assunto, mediante outros paradigmas a respeito da etiologia dessas doenças, observou-se que o "psicótico" alterna papéis de agressor e vítima, mostrando que a paz não foi selada nas gerações anteriores. Observa-se quase sempre que houve uma cena violenta ou assassinato na linhagem dos ancestrais da família do pai ou da mãe. A solução requer que o agressor diga "sinto muito" para que haja liberação das famílias do peso da vingança.

Deixo claro, aqui, novamente, que os exemplos citados são apenas relatos observados por mim e por alguns outros pesquisadores. Existe também uma conexão entre doenças graves e as desordens nos destinos de membros da família, isso fica muito nítido diante das diversas experiências terapêuticas cotidianas. Às vezes, por meio de uma doença, manifesta-se algo que o doente não quer reconhecer, por exemplo, uma pessoa, uma culpa, um limite, seu corpo, sua alma, uma tarefa ou um caminho que deva seguir.

A doença sempre obriga o indivíduo a uma mudança, por isso é preciso observar a existência de uma relação direta entre a doença e o motivo. Por exemplo, com uma pessoa excluída, a doença pode se revelar devido a uma culpa refutada, ou mesmo devido a sensação de o corpo ser desprezado ou a alma abandonada, entre outros motivos.

Quando tudo isto é colocado em ordem, o doente passa a viver melhor e, de certa forma, ele também pode morrer melhor, quando chegar a sua hora.

Frequentemente, quando informamos a um cliente que a sua enfermidade é de origem emocional, ele se sente depreciado, diminuído, pois prontamente chega a ele o seguinte pensamento: "sou responsável por isso, se eu fosse diferente, seria tudo melhor".

São aspectos que estão escondidos no inconsciente, causando uma série de desordens internas. Os impulsos de autossabotagem, autodestruição, em geral, manifesta-se como vícios e é inteiramente inconsciente, afinal, ninguém, em sã consciência quer ou deseja a doença para si.

Um dos processos de cura é reconhecer os emaranhados inconscientes, ou seja, trazê-los à consciência, à luz, tornando-os conhecidos, assim, é possível mudar algo.

Muito tem-se observado que a doença nunca age apenas sobre o doente, ela age sobre todo sistema familiar, por exemplo: quando um membro da família é acometido por um vício, uma dor terrível se instala na raiz de sua alma, mas também em todo o grupo, isso significa que toda a família, o sistema, o clã, está doente. Existe uma complexidade no entendimento das doenças em família, pois, na maioria das vezes, as doenças são vistas como algo mau do qual queremos nos livrar. Isso é óbvio numa leitura mais simplificada, porém, numa ótica mais profunda, as doenças servem a um propósito, elas podem ser processos de cura, principalmente para alma.

As doenças são consideradas como reajustes de determinados processos que foram mal resolvidos, escondidos, deixados para trás sem solução, e que agora estão se manifestando para o devido acerto.

Como na minha vida profissional tive um grande contato com pacientes de doenças terminais, observei que a maioria das doenças serve para um propósito, talvez mais elevado do que a própria depreciação do corpo, como um sistema de purificação ou mesmo de um dever cumprido que, de forma alguma, deve ser descartado, mas entendido. O que devemos entender é que o indivíduo está cumprindo um papel que nem sempre conhecemos.

Se cada doença guarda um significado, um sentido, um apelo, então é preciso o entendimento de suas origens num âmbito individual, pois o que para um se manifesta de uma maneira, para outro pode ser igual ou diferente. Mesmo sabendo disso, pesquisadores mapeiam uma relação entre certas doenças e seus respectivos desequilíbrios e, assim, podemos conhecer alguns aspectos e indicativos de que necessitamos para encontrar as origens dessas desarmonias.

Lembre-se sempre de que o seu corpo fala e de que você deve, inteligentemente, escutá-lo.

Feito isso, você pode identificar a emoção que pode estar disparando uma determinada doença e tomar para si a responsabilidade de realizar algumas mudanças e movimentos para encontrar a sua devida ordem.

No vocabulário profissional doenças são desordens, dessa forma, colocar as coisas em ordem significa estar mais perto da cura.

Vejamos alguns exemplos de interação entre sentimentos e doenças físicas e suas manifestações.

Mágoa, pesar ou angústia: surge quando a pessoa sabe de um fato desagradável, em geral notícias ruins que causam incômodo ou mal-estar. É um sentimento que causa agitação interna não definida, como palpitações, mal-estar precordial, suspiros, respiração irregular, arritmias e sudorese.

Medo: quando excessivo, o medo é um sentimento crônico e contínuo, associado à submissão, humilhação e impotência, onde a pessoa se sente ameaçada e é incapaz de reagir. Manifesta-se com quadros como perda do controle esfincteriano, perda de força nas pernas, falta de memória, desinteresse, envelhecimento precoce, perda de cabelos, lombalgia, fraqueza dos joelhos, comprometimento dos dentes, zumbidos e emagrecimento. O pavor é um sentimento agudo e muito intenso do medo, de curta duração, mas que ocupa todo o espaço psíquico do paciente e está associado ao susto e ao choque. Já o pânico é o pavor associado a distúrbios da mente. Quadros de pavor manifestam-se com disfunção dos esfíncteres interiores, sudorese fria, palpitações, fraqueza nas pernas, paralisia súbita, perda da fala, tremores, etc.

Raiva: emoção abrupta, violenta, intensa. Quando os ataques de raiva são excessivamente intensos ou repetidos causam danos ao paciente. Variações dessa emoção acarretam mau humor, irritabilidade, indignação, revolta, ressentimento e frustração, sentimentos que não são abruptos nem tão intensos, mas são contínuos e provocam doenças. Os sintomas relacionados à raiva e seus sentimentos são bloqueios e espasmos, principalmente musculares, agitação psicomotora, palpitações, insônia, vermelhidão facial, hipertensão arterial, hiperemia conjuntival, cefaleia pulsátil, dispneia subjetiva, fadiga e dificuldade de concentração.

Tristeza: sentimento que combina desalento, falta de perspectiva e falta de prazer com a vida. Os sentimentos associados são a depressão e a timidez. A tristeza evolui com quietude, dispneia, cansaço, palidez, extremidades frias, indiferença, lombalgia e diminuição da libido. Este tema é muito vasto, profundo e requer uma pesquisa apurada para se entender os mecanismos de correlacionamento, deixo aqui apenas algumas informações que se apresentam cotidianamente em nosso trabalho.

20

A ORDEM DAS COISAS

A ordem se estabelece quando abandonamos o papel de vítima e nos tornarmos responsáveis.

Muitas pessoas acreditam que o amor consegue superar tudo, que é preciso apenas amar muito e pronto, tudo ficará bem. Mas para que o amor dê certo, é preciso que exista algo mais, deve se ter o conhecimento e o reconhecimento de uma ordem que, muitas vezes, passa desconhecida por nós e dificulta o processo de amar e de se relacionar.

Dentro do seu sistema familiar existem três ordens, se estiverem equilibradas o sistema é saudável, curativo e funciona de forma tranquila, não há desordens, nem complicações.

Vamos conhecer quais são essas três ordens muito divulgadas na constelação sistêmica.

Pertencimento *(necessidade de pertencer ao grupo, vinculação)*: é como se o grupo dissesse: "Eu vejo você. Você faz parte" é uma inclusão. O que causa desordens nessa área é o oposto, a exclusão, é o sentimento de não fazer parte, de não pertencer, é se desvincular da família de forma negativa.

Aqui precisamos entender que o vínculo deve ser preservado. Vínculo significa união, ligação, proximidade dos laços afetivos e lealdade.

Fluxo Equilibrado *(necessidade de equilíbrio entre o dar e o receber)*: neste ponto, devemos entender a necessidade da seguinte expressão: "Obrigado por tudo que recebi de você." O que causa desordem aqui é a ingratidão ou o desequilíbrio entre dar e receber, em nenhum setor da vida deve faltar essa harmonia, senão haverá desordem. Quando digo "nenhum setor", essa questão se torna realmente muito abrangente, veja que muitas relações, seja no trabalho, seja na vida a dois, seja com a família, seja com os amigos, não funcionam perfeitamente quando esse princípio básico não é respeitado. Segue um exemplo informativo: uma companheira em uma relação afetiva que, devido a sua imensa carência afetiva advinda da infância, para obter o que deseja, ou seja, amor, atenção, carinho, afeto, ela sufoca o companheiro com tudo isso, impedindo-o de retribuir, de dar de volta. Esse processo se instala muitas vezes de forma repetitiva e completamente inconsciente.

Preservação hierárquica *(importância de manter a ordem das coisas, "eu sou pequeno, você é grande")*: o que causa a desordem aqui é o indivíduo querer se posicionar acima dos outros que, hierarquicamente, chegaram aqui primeiro, não respeitando a ordem de chegada. Observe que cada ordem do amor visa à preservação da harmonia e do equilíbrio do grupo social, o entendimento dessas ordens elimina sentimentos particulares de culpa e inocência. A culpa é sentida com o processo de exclusão, quando nosso estado de pertencimento é ameaçado. Quando não existe uma ameaça, sentimos inocência como inclusão e proximidade a todos os familiares. A culpa é sentida como dívida e obrigação e, assim, rompe-se o equilíbrio entre o dar e o receber. Quando tudo se harmoniza, verificamos no grupo a conquista de nosso próprio valor e liberdade. A culpa é sentida como transgressão e medo de consequências quando nos desviamos da ordem social, mas quando a ordem é respeitada, sentimos na energia ancestral a lealdade e a consciência dos valores do grupo. Uma das formas de compensar o sistema familiar quando ocorre exclusão é a conhecida lei da compensação, por exemplo: se alguém é esquecido porque faleceu, ou fez algo que foi reprovado pelos demais e afastou-se do grupo, algum outro membro pode assumir seus sentimentos, por amor, como tentativa de reinclusão no sistema familiar. Tudo, dessa forma, é orientado pela ordem, assim os Pais dão e os Filhos recebem. A gratidão dos filhos se estabelece como um retorno, quando eles são gratos pela vida, quando aceitam seus pais exatamente como eles são, então a harmonia é construída. A retribuição dos filhos nesse processo, além da gratidão, é a de passar tudo o que recebeu adiante, passando a vida que receberam para frente, ou seja, para os filhos que chegarão. No relacionamento de um casal não é tão diferente, ao dar e receber sempre procuramos o equilíbrio. O relacionamento entre os pais vem em primeiro lugar, depois entre eles e os seus filhos. Se algum filho ou filha assume o lugar dos pais, ou se tornam pai/mãe dos seus pais, isso é um fardo muito pesado e afeta negativamente os relacionamentos, tanto entre irmãos como com os parceiros, por isso sempre os papéis e a ordem precisam ser respeitados.

Existem, é claro, muitas formas de desestabilizar todo o sistema de ancestralidade, mas também há esforços para buscar acerto. Quando o desequilíbrio se instala, temos presente conflitos interpessoais na família ou no trabalho, enfermidades físicas (doenças graves ou degenerativas), distúrbios psicopatológicos, orgânicos e comportamentais (esquizofrenia, depressão, manias, fobias, TOC, síndrome do pânico, obesidade mórbida, dependências químicas, dentre outros).

Pode também surgir dificuldades financeiras e materiais e por vezes até dificuldade em encontrar seu lugar no mundo, o indivíduo fica se sentindo perdido, sem perspectiva. Comum também são os conflitos conjugais ou mesmo nos relacionamentos afetivos, além de dificuldades nos desafios profissionais e organizacionais, como se a pessoa não conseguisse encontrar o seu caminho. A partir dessas observações, podemos fazer uma análise de nosso sistema familiar e verificar que algumas ordens podem estar em desarmonia, causando vários problemas como os citados acima.

Como consertar essas perturbações na ordem? Bem, vamos estabelecer algumas ações em seu sistema familiar ancestral para promover o reequilíbrio.

- **Aceitação:** para tanto é preciso que a pessoa se oriente e entenda que fazemos parte do mesmo grupo, estamos no mesmo time, no mesmo jogo, não há razões para cobranças ou brigas por hierarquias, aqui o quarto ponto entra decisivamente, devemos instalar o respeito, você é você, eu sou eu, respeitemos isso e os limites de cada um, cada qual com seu papel e com sua jornada. É o reconhecimento dos papéis. O que talvez trave tudo isso é o senso de justiça, o avolumar de discórdias e as feridas que surgem, portanto, apenas dê ordem à perturbação, ao fazer isso, as próprias energias se alinham no seu ritmo e tempo, não expulse as pessoas do seu coração ou se coloque acima ou abaixo de ninguém, pois tudo isso separa e cria vazios, apenas perceba, reconheça e ordene.

- **Acolhimento:** isso só é possível de conseguir se abrir sua alma para abraçar a reconciliação, sem julgamentos.
- **Reconciliação:** é o ato de colocar em ordem, conciliar. Em muitos casos esse é o passo inicial, que com uma carga emocional negativa se torna quase impossível de ser realizado, um dos sentimentos que nos afasta desse propósito é o orgulho, que irá tirar de nós a coragem de dar o primeiro passo em direção ao outro, como se fosse uma mensagem interna que grita: "Eu estou certo, então por que devo dar o primeiro passo?", nesse momento cria-se o hesitar, ficamos presos ao orgulho e sofremos, mantendo uma posição inflexível. É preciso sempre dar o primeiro passo na direção da correção, pois esse passo é para os grandes, a próxima etapa é vencer os mecanismos ilusórios que nos diz que somos autossuficientes, que podemos tudo, apenas reconheça que todos nós temos fragilidades e limites, isso nos desarma, pois entendemos que erramos também.

21

FATOS SÃO FATOS, MEMÓRIAS SÃO MEMÓRIAS

*Uma memória não se apaga
se você a reforçar todos os dias.*

Ao aprender sobre ancestralidade, será necessário também entender o processo de memórias e fatos. A distinção entre ambas tem papel importante, isso para poder reconhecer que, muitas vezes, fatos podem ser distorcidos pelos seus canais receptivos e a interpretação pessoal pode gerar memórias erradas, ocasionando os problemas.

Fatos

É o que aconteceu de forma crua e nua sem qualquer espécie de interpretação, é o evento desprovido de julgamentos, sem suposições, simplesmente claro e objetivo, é uma parte externa, apenas isso, isento de sensações, emoções ou de interpretações baseadas em suas crenças, ou padrões.

Memórias

No conceito científico, a memória é a forma como o cérebro adquire e armazena informações. Essa é uma das funções mais complexas do organismo humano, pois existem milhares de mecanismos envolvidos. No contexto da ancestralidade, podemos afirmar ser a soma de fatos unidos à nossa própria interpretação, agregado conjuntamente às emoções. Cada memória então é desenvolvida de forma pessoal (vivência). Vamos a um exemplo: duas pessoas são colocadas diante do mesmo evento, elas podem interpretar o fato cada qual a sua maneira, de maneira diferente, assim, criam-se memórias diferentes, ou seja, a vivência e a interpretação são individuais. As memórias são como um filme pessoal, composto de imagens, sons e que tem aquele sabor característico, proporcionado pelo campo interpretativo.

Vamos a um teste simples: pegue uma foto sua, pode ser de quando era criança, por exemplo. Agora olhe para ela e responda o que vê, quais as lembranças que imediatamente chegam a você? Muito bem, ao acessar um evento, muitas emoções aparecem, é um mecanismo neurológico de conexão, pois nossas memórias carregam toda uma carga emocional, assim, toda memória carrega uma experiência integral, seu cérebro armazena uma imensa videoteca, ou seja, imagens dinâmicas guardadas como interação das suas experiências são percepções emocionais dos fatos, lá estão suas decisões, seus comportamentos, tudo em forma de vídeo. Esse armazenamento pode ser, por diversas vezes, a fonte de muitos bloqueios, comportamentos e escolhas repetitivos, e tudo isso baseado nas crenças mais profundas e enraizadas dentro de você, ou seja, os vídeos bons causam nostalgia, frescor, mas os vídeos rotulados com experiências negativas nos levam a comportamentos destrutivos, hábitos negativos, emoções bloqueadoras e até mesmo ao sofrimento.

Uma das formas mais poderosas de ressignificar memórias negativas é dar-lhe um novo sentido. Valendo-se de algumas perguntas chaves, como por exemplo: "O que eu aprendi com essa memória criada no passado, com essa crença? – você dá à memória um significado de propósito para seu crescimento, e isso muda toda a qualidade do processo que passa a ser de bloqueador para algo de maior importância.

Toda bagagem acumulada pode ser alterada, liberada, ressignificada, afinal, hoje você é muito diferente do que eu era há muitos anos.

Para limpar essas memórias também utilizo o princípio de limpeza de memórias de uma extraordinária prática de cura: *o Ho'oponopono*.

Vou demonstrar aqui, de maneira simplificada e clara, como você pode se beneficiar desta técnica, praticando-a diariamente e se libertando de tudo o que o bloqueia ou o esteja impedindo de ter prosperidade, saúde, paz, bons relacionamentos e muito mais.

Vamos a um passo a passo:

- Pegue uma memória que você perceba que é pesada, negativa, limitadora ou que o esteja incomodando.
- Verifique nessa memória quais são as emoções que ela traz à tona, pode ser medos, inseguranças, sensação de abandono, carência afetiva, preguiça, apenas analise e

anote. Vamos a um exemplo: "Eu me lembro de uma discussão, uma briga com meu companheiro ou meu pai, e essa discussão gerou em mim medo, insegurança, raiva e decepção, dessa forma eu tenho aqui um apanhado de emoções e sentimentos do qual preciso me libertar, afinal, viver com eles não me traz leveza ou benefício algum.

- Superficialmente falando, você precisa mudar a imagem do filme que está aí, bem na sua mente, através de uma profunda limpeza, isso significa que você encontrou e definiu o objeto da limpeza e agora vai colocar isso em prática.

- Você irá se conectar ao seu Deus interno e externo, ao seu consciente e ao seu subconsciente, apenas relaxando, respirando por três vezes e realizando uma petição (pedido), dizendo: "Deus limpa em mim todo o medo, insegurança, raiva e decepção que tenho do meu pai ou de tal companheiro. Respire profundamente.

- Agora diga nos próximos 5 minutos quatro afirmações: *Sinto muito, Me perdoe, Eu te amo e Sou grato*.
Conecte-se profundamente a essas afirmações até elas criarem um eco dentro de você, feito isso, pare e respire profundamente, como se estivesse se libertando de algo.

- Fechamos então a primeira série. Faça isso por mais duas vezes, consecutivamente, exatamente da mesma maneira, realizando ao total três ciclos. Pronto. Agora veja como você se sente.

Avalie-se, essa é uma experiência extraordinária. Use a técnica de cura e limpeza do Ho'oponopono para se liberar dessas dores. Um detalhe importante, para ver se a leveza está se instalando em você, faça um sistema simples de medição. Antes de começar a prática, pergunte-se de 1 a 10 o quanto aqueles sentimentos o estão incomodando, anote. Depois de sete dias de prática, faça a mesma análise, veja agora o quanto melhorou e continue realizando o Ho'oponopono até sentir uma leveza completa. Caso queira aprender mais sobre essa metodologia, de uma maneira mais profunda, e entender perfeitamente seu uso e filosofia, eu indico meu livro sobre esse tema: *Ho'oponopono: o Segredo Havaiano para a Saúde, Paz e Prosperidade*, publicado pela Editora Nova Senda.

22

A ANCESTRALIDADE E O ESPELHO

O espelho apenas devolve o que aprendemos e escolhemos ser.

Será que existem algumas verdades veladas em provérbios populares? *O fruto nunca cai longe do pé*, esse é um provérbio popular que se relaciona bem com a ancestralidade e a repetição de comportamentos, mas será que ele tem algo de verdade?

A inteligência já nos diz que temos de aprender muito com a natureza, porque tudo que existe fora de nós, também existe dentro, então, pare, reflita e verá uma imensa sabedoria e verdade nisso tudo.

Com o conhecimento de que as raízes ancestrais exercem uma grande influência nos seus comportamentos, separei alguns exemplos para entender o quanto isso tem de realidade.

Vou começar contando uma história tão real e verdadeira, que se repete há milênios. Quando crianças, temos muitas fantasias, idealizações e possibilidades. Precisamos de segurança, apoio e afetividade, olhamos para os pais como modelos, exemplos vivos de força, poder e coragem, eles se tornam aqui, em nossa cabeça infantil, os superpais ou super-heróis que tanto admiramos.

Quando chegamos à adolescência, a forma de pensar muda, transforma-se, existe uma nova complexidade. Passamos ao individualismo, sentimos força, poder de conquista, posicionamento na sociedade e na família. Tudo isso faz parte de um processo natural, começamos a desconstruir essa imagem de grandiosidade paterna ou materna e os transformamos em seres normais, inclusive com suas falhas, e, em alguns casos, até os distanciamos do seu real valor. Trata-se, na verdade, de um processo de rebeldia natural, para que possamos criar nossa identidade e valores próprios.

Em geral, o julgamento principal em relação aos nossos pais é dizer que de heróis passaram a ser pessoas ultrapassadas, quadradas e desatualizadas.

Certamente o rótulo apresentado nessa idade não é correto, talvez pelo simples fato de que a maturidade ainda não chegou para revelar as grandes verdades, isso só virá anos depois.

Quando saímos da adolescência e chegamos aos 30 anos de idade, por exemplo, ainda persistimos em acreditar que nossos pais são ultrapassados, só que agora cobramos deles respostas em relação a nossa infância. No final, queremos que eles sejam o que desejamos que fossem e não o que tivemos. Aos 40 anos, um pouco disso tudo muda, estamos mais maduros e começamos a ter uma percepção mais clara do próprio mundo que vivemos, é certamente o reconhecimento chegando. Se analisarmos profundamente, veremos algo que há muito tempo foi negado, todos nós somos muito parecidos com nossos pais, não somente fisicamente, mas também em comportamentos. Essa afirmação pode encontrar um eco de negação dentro de algumas pessoas, o que poderá até causar alguns conflitos, em geral, esse processo de negação é uma forma de se proteger de algo que muita gente não quer admitir; Somos iguais aos nossos pais, sim.

Como podemos perceber isso? Veja como seus filhos se comportam. Será que alguns desses comportamentos não são parecidos com a maneira como seus pais agem? Caso a resposta seja sim, você começará encontrar muitos outros elementos que irão confirmar uma informação importante: se você percebe em seus filhos alguns comportamentos parecidos com os dos seus pais, certamente você também terá traços desse comportamento. Isso implica em outra avaliação: Por que demorei tanto para perceber?

O motivo (agora) é óbvio: essas são características que nunca queremos enxergar, porque isso nos faz pessoas inaceitáveis. Isso, somado ao fato de que em muitos casos carregamos a síndrome do rejeitado, acaba por bloquear em nós esse reconhecimento.

Mas vamos aos fatos: não temos como negar que, metade da nossa herança física veio do nosso pai e a outra metade da nossa mãe. Carregamos ambos em nosso sangue e, por consequência, também trazemos o mesmo de nossos avós, bisavós e de toda uma geração. Temos, também, além desses aspectos físicos, os emocionais, suas virtudes e, como não poderia deixar de ser, suas falhas também. Mas isso não é um problema, é apenas o que é parte da realidade.

Os problemas começam com a negação de quem somos, aí está a questão mais profunda que atrapalha toda energia ancestral.

Para aceitar esse reconhecimento, vamos realizar um exercício e tentar compreender melhor a hereditariedade comportamental:

- Pegue um papel sulfite ou uma agenda.
- Anote quais são os trejeitos, comportamentos ou maneirismos de seus pais que você desaprova?
- Quais atitudes deles que ainda hoje causam mágoas ou ressentimentos em você?
- Nas suas memórias, existe eventos marcantes que ainda causam algum desconforto?

Talvez sejam necessárias várias folhas para relacionar todos os pontos encontrados.

O exercício exige abertura e senso de observação.

Em relação a tudo isso, o que desconhecemos é que os mesmos defeitos apontados também podem ser "SEUS" (e isso não é apenas força de expressão). Você pode estar agindo do mesmo jeito ou de maneira parecida sem a consciência disso.

Mas por que eu não vejo esses pontos todos?

Pelo simples fato de negar. Quem não conhece alguém que diz: "Você é a cara do seu pai!?", ou "Nossa, como você se parece com sua mãe!"

Saiba que quanto mais parecidos somos fisicamente, mais semelhantes somos emocionalmente. Quanto mais negamos este fato, mais parecidos nos tornamos. E este é um paradoxo extraordinário! O que eu nego no outro, manifesta-se também em mim.

A negação é um fator que influi diretamente na construção de processos repetitivos. Certas pessoas dizem que se sentiam abandonadas, mas não percebiam que faziam a mesma coisa com outras pessoas ou com seus próprios projetos de vida, elas simplesmente abandonam o que começam sem motivo aparente! Algumas pessoas com rejeição, em certas etapas da vida, projetavam este mesmo sentimento no mundo ao redor, muitas vezes encerrando amizades sem nenhuma explicação coerente, perpetuando, assim, o mesmo sentimento de exclusão. O que nenhuma destas pessoas sabiam, é que estavam apenas repetindo ciclos de família, estavam revivendo – ou reeditando tudo isso – a mesma história dos seus pais, que viveram a história dos avós, que viveram a história dos bisavós...

O que fazer então, como mudar isso?

Comece investigando as suas origens, o comportamento e a história de sua família e então irá descobrir que até mesmo os costumes da raça ou do país de origem de seus antepassados ainda estão vivos dentro de você, em suas atitudes diárias, "aqui e agora" – aceitando-os, você estará criando honradez, negando-os está criando desordem.

É necessário entender que repetir os mesmos padrões dos nossos ancestrais acaba causando os mesmos problemas do passado, apenas com uma roupagem nova. Sujeitando-se a tudo de maneira inconsciente, trago à consciência opções mais claras de escolhas.

Todos nós estamos subordinados as mesmas falhas, é preciso ter o devido reconhecimento e gratidão. Ao chegarmos a esse ponto de entendimento, conseguimos aprender com o passado e, assim, adquirimos consciência para não reproduzirmos os mesmos eventos. Com isso, estaremos nos aperfeiçoando e evitando a passagem desses comportamentos às futuras gerações.

E o que é mais importante em toda essa jornada? Como saímos do círculo vicioso? A resposta é a mais simples possível: reconheça, aceite e perdoe, sem julgamentos.

Ao fazer um gesto tão simples que é o ato de perdoar, além de nos libertarmos do sofrimento desnecessário, ainda aliviamos o fardo daqueles que estiveram neste mundo antes de nós. Lembre-se de que somos todos um, e que cada pequena mudança ressoa nesse todo.

Perdoar é um exercício de abandono de preconceitos e desapegos, para o encontro da ordem e da harmonia, onde reside a paz a todos. Largamos o passado onde ele estava e permitimos que o presente aconteça sem peso ou condicionamentos, abrimo-nos para o novo.

A seguir, vamos utilizar um exercício de perdão realizado pelos Kahunas (sacerdotes ou anciãos havaianos, detentores de uma sabedoria ancestral extraordinária), um processo milenar que vai lhe trazer muitos benefícios.

Oração do Perdão dos Kahunas

Buscando eliminar todos os bloqueios que atrapalham minha evolução, dedicarei AGORA alguns momentos para PERDOAR.

A partir deste momento, eu perdoo todas as pessoas que de alguma forma me ofenderam, me machucaram ou me causaram alguma dificuldade desnecessária.

Perdoo sinceramente quem me rejeitou, me entristeceu, me abandonou, me humilhou, me amedrontou ou me iludiu.

Perdoo especialmente quem me provocou, até que eu perdesse a paciência e acabasse reagindo agressivamente, para depois me fazer sentir vergonha, culpa, ou simplesmente me sentir um ser humano inadequado.

Reconheço que também fui responsável por estas situações, pois muitas vezes confiei em indivíduos negativos. Escolhi usar mal minha inteligência e permiti que descarregassem sobre mim suas amarguras, suas histórias, seus traumas e seu mau humor.

Por tempo demais suportei tratamento indigno, humilhações, medos, grosserias e desamor, perdendo muito tempo e energia na tentativa de conseguir um bom relacionamento com essas criaturas.

Agora me sinto livre da necessidade compulsiva de sofrer e livre da obrigação de conviver com pessoas e ambientes que me diminuem, principalmente dessas pessoas que se sentem incomodadas com a minha presença e a minha luz.

Iniciei, agora, uma nova etapa na minha vida em companhia de gente mais positiva, cheia de boas intenções, gente amiga, que se preocupa em ser saudável, alegre, próspera e iluminada. Gente preocupada em melhorar a qualidade de vida, não só a sua, mas de todo o Planeta.

Queremos compartilhar sentimentos nobres, aprendendo uns com os outros e nos ajudando mutuamente, enquanto trabalhamos pelo progresso material e evolução espiritual, sempre procurando difundir nossas ideias de unidade, de paz e de amor.

Procurarei valorizar sempre todas as conquistas que fiz e o amor que tenho em mim, evitando todas as queixas desnecessárias que me seguram nesta frequência, de onde já consegui sair.

Se, por acaso, eu tornar a pensar nestas pessoas com quem ainda tenho dificuldade de convivência, lembrarei que elas todas já estão perdoadas.

Embora eu não me sinta na obrigação de trazê-las novamente para minha intimidade, eu o farei se elas demonstrarem interesse em entrar em sintonia.

Agradeço pelas dificuldades que elas me causaram, pois isso me desafiou e me ajudou a evoluir, do nível humano comum, a um nível de maior amor e compaixão, maior consciência, em que procuro viver hoje.

Quando eu tornar a me lembrar destas pessoas que me fizeram sofrer, procurarei valorizar suas qualidades e também liberá-las, pedindo ao Criador, o nosso arquiteto maior, que também as perdoe, evitando que elas sofram pela Lei de Causa e Efeito, nesta vida ou em outras.

Também compreendo as pessoas que rejeitaram meu amor e minhas boas intenções, pois reconheço que é um direito de cada um não poder ou não querer corresponder ao meu amor.

Faça uma pausa e respire profundamente algumas vezes para acumular energia.

Agora, sinceramente, peço perdão a todas as pessoas a quem de alguma forma, consciente ou inconsciente, magoei, prejudiquei ou fiz sofrer.

Analisando o que fiz ao longo da minha vida, sei que minhas intenções foram boas, embora nem sempre tenha acertado. E que estas coisas que fiz de bom são suficientes para resgatar a dor do meu aprendizado, ainda deixando um saldo positivo ao meu favor.

Sinto-me em paz com minha consciência e, de cabeça erguida, respiro profundamente. Prendo o ar e me concentro para enviar uma corrente de energia destinada ao meu EU SUPERIOR.

———

Relaxe! Ao relaxar suas sensações revelam que este contato foi estabelecido.

Agora, dirijo uma mensagem de fé ao meu EU SUPERIOR, pedindo orientação, proteção e ajuda para a realização, de um modo acelerado, de um projeto muito importante que estou mentalizando e para o qual estou trabalhando com dedicação e amor (citar o projeto), e que será, com certeza, para o bem maior de todos os envolvidos.

Também peço que minha fé seja firme e que eu possa, cada vez mais, tornar-me um canal, uma conexão permanente com os Seres de Luz, desenvolvendo todos os potenciais que possam facilitar esta comunicação. Que eu perceba todas as respostas às minhas perguntas e dúvidas, reconhecendo os sinais claros que estiver recebendo, sempre protegido e amparado pelo Universo.

Agradeço de todo o coração a todas as pessoas que me ajudaram e me comprometo a retribuir trabalhando para o bem do próximo, para sua alegria, seu bem-estar, atuando como agente catalisador de harmonia, entendimento, saúde, crescimento, entusiasmo, prosperidade e auto realização.

Tudo farei sempre em harmonia com as leis da natureza e com a permissão do nosso Criador eterno e infinito, que sinto como único poder real, atuante dentro e fora de mim.

Este é o seu livre-arbítrio sendo exercido. E a este respeito, tanto quanto qualquer outro espírito, alma e essência irá respeitar. Pois, essa é uma verdade universal e tão superior quanto o próprio nascimento.

23

A CHAVE PARA A PROSPERIDADE E A ABUNDÂNCIA

Todo princípio de abundância começa pela intenção, essa energia nos oferta tudo em retorno.

Anteriormente, abordamos a importância da limpeza ancestral em relação ao plano físico, a sua saúde. Temos ainda mais dois planos a serem reconhecidos, o plano da prosperidade e o plano dos relacionamentos. A prosperidade e a abundância estão intimamente ligadas à sua energia ancestral, quando há ocorrências de desordens, isso influencia na capacidade de transmitir para as novas gerações a escassez.

No mundo da prosperidade somos muitas vezes arrastados para uma percepção distorcida sobre como devemos nos conectar ao dinheiro e a abundância, muitos criam fórmulas ilusórias, outros acreditam que apenas algumas ações dirigidas já são necessárias para trazer o que se deseja, mas existe um aspecto muito profundo que se liga a todos esses fatores, a necessidade de compreender que prosperidade e abundância são formadas por dois aspectos fundamentais: *energia e conhecimento*.

Vamos entrar em um mundo um tanto desconhecido: a energia do dinheiro no plano ancestral. O dinheiro deve ser sempre empregado a serviço da vida; o dinheiro é uma imagem da vida. Dessa forma, quem desrespeita o dinheiro, desrespeita também a vida.

Nos compêndios do conhecimento da constelação familiar se diz que: o dinheiro é sempre representado pela mulher – porque o dinheiro é fértil, essa é uma imagem poderosa. Podemos, portanto, ir além dos conceitos da constelação: o sucesso dos negócios e na profissão vem com a bênção da mãe. Sem essa benção só há fracassos, pois o dinheiro tem a imagem da mãe, como um arquétipo; quem rejeita a mãe permanece pobre, portanto, quem tem reservas ou discórdias em relação à mãe, que foi sua primeira e talvez a mais importante experiência de nutrição e confiança oferecida pela vida, também terá dificuldades em relação à sua realização, ao sucesso e à felicidade. Quem rejeita sua mãe, quem não concorda com ela do jeito que é, rejeita também a vida e a felicidade.

Por outro lado, várias observações têm nos mostrado que o arquétipo, a crença, o modelo do ser masculino possui uma grande importância nesse processo na totalidade, então chegamos à conclusão de que pai e mãe são peças centrais na questão de prosperidade.

Você já parou para pensar no que está por trás da falta de prosperidade na sua vida?

Partimos do pensamento de que prosperidade é ter tudo o que se necessita para viver bem, e não somente para sobreviver. Esse estado de conforto só se atinge quando se é capaz de estar em sintonia com a vida. Para isso, é necessário aceitar e agradecer a tudo e a todos, principalmente estar nas graças dos seus familiares. Você já pensou em fazer as pazes com seus ancestrais, ou mesmo agradecer as lições que alguns momentos de crise oferecem? Gosto de pensar na ótima oportunidade que uma crise nos oferece, com o intuito de sairmos da zona de conforto, da energia estagnada e, assim, repensar novas maneiras criativas de crescer e melhorar, empurrando cada um de nós para a exploração da sua própria potencialidade.

No entanto, se ao invés disso colocar a culpa sempre em algo fora de você, vai ficar retido e cristalizado numa postura infantil, como a criança que pede para que a mãe lhe dê algo.

A solução passa quando se finca os pés na vida como adulto, quando você se torna o dono das suas próprias escolhas, que se alinha ao processo inteligente da vida, da lei de dar e receber, conscientizando-se de que recebeu o que tinha que receber dos pais e agora precisa fazer o resto sozinho.

Pensando melhor, com essa nova estrutura mental você pode começar a descobrir como realizar-se da maneira correta, para isso, vamos observar sete passos importantes:

1. Fique em paz com seus pais (hoje e no passado). Agradeça e aceite sua mãe e seu pai como eles são e não como você gostaria que fossem ou tivessem sido. A nossa mãe é a primeira pessoa a nos dar o nosso primeiro alimento, por isso está associada ao movimento da Vida,

Prosperidade e Dinheiro. O pai, do ponto de vista ancestral, representa nossa carreira e profissão. Se você vive neste mundo, trabalha, constitui uma família, aprende e se desenvolve, é porque seus pais foram pais perfeitos na existência e na vida humana. Portanto, aceite o que lhe é dado sem julgar, agradeça e então todo o bem-estar fluirá e você se sentirá profundamente realizado na vida.

2. Busque o equilíbrio. Dinheiro precisa da energia da gratidão para fluir. É um dar e receber, você dá algo a alguém – um serviço, um produto ou conhecimento – e alguém lhe devolve certa quantia em dinheiro. Essa relação deve ser equilibrada, justa para ambas as partes. Meu produto ou serviço não deve ser mais caro ou mais barato do que os benefícios que ele proporciona. A palavra "justo" é o ponto certo. "Nossa vida flui quando equilibramos dar e receber e o recebemos profundamente. Se essa lei é desrespeitada, o próprio Universo mostra que algo está errado.

3. Valorize a vida que o dinheiro chegará até você. Faça as pazes com o seu passado, mantenha os pés firmes no presente e visualize-se no futuro. Se o dinheiro não vier, é sinal de que algo precisa ser resolvido primeiro, possivelmente na sua história pessoal ou nos membros do seu sistema familiar, seja na sua família de origem, seja na geração anterior. Isso pode estar impedindo esse fluxo natural, então o dinheiro não vem. Geralmente, os bloqueios da prosperidade estão atrelados a problemas do passado que não foram resolvidos, mas que aqui, no presente, você tem que resolver, colocar os pés no chão, ou seja, mais ação e menos ilusão, e se projetar no futuro.

4. Atreva-se a ser tão grande quanto o seu dinheiro. Pare e pense: quando você lida com o dinheiro como você se sente, menor, maior ou igual? Qual a sua percepção sobre isso? Essa relação precisa ser de igual para igual. Não se pode ser como uma criança que pede e nem ser maior que o dinheiro, pois com essa postura arrogante não se consegue agradecê-lo. Se essa energia do dinheiro não é respeitada ele vai embora da sua vida. Respeite, respeite-se, essa é regra, sinta gratidão pelo que você recebe e pelo que dá, pare por um momento e veja que o dinheiro permite esse fluxo. O dinheiro é fluído, ao pensar assim, tudo muda.

5. Olhe para o dinheiro com bons olhos. Se você não cuida do seu dinheiro, ou seja, não se organiza, não sabe quanto ganha, quanto gasta, como são feitas as dívidas, não negocia, nem olha seu extrato, você pode estar excluindo o dinheiro da sua vida. Se você olha para seu rendimento e para suas contas com carinho e respeito, você tem saúde financeira. Tenha gratidão a tudo o que recebe da mesma forma que deve haver gratidão por poder pagar as suas contas. Novamente é o dar e receber em harmonia. Se tenho tensão com dinheiro, isso causa bloqueios, nós, desordens e assim tudo trava. Aprenda algo fundamental: agradeça a cada entrada de dinheiro, mas também a cada conta paga, ao fluxo, afinal ele é universal e mantém a roda girando.

6. Dê significado nobre ao seu trabalho. Tudo o que vendemos levam as pessoas a terem conforto, praticidade, bem-estar e sucesso, esse é o pensamento de prosperidade. "Qualquer empresa que é bem sucedida

está a serviço da vida, dos seres humanos. Coloque o foco nos benefícios do seu trabalho para com os outros e não em aumentar seu faturamento e ter sucesso. "Quem somente serve ao dinheiro já perdeu antes de começar". Em meu curso sobre prosperidade eu ensino que em qualquer atividade você deve mostrar aos seus clientes o melhor para eles, e não a venda do produto em si. O importante é beneficiar o outro, como consequência, a relação desse benefício chega até você, se não existe respeito nisso, a sua prosperidade simplesmente é bloqueada.

7. Observe qual sentimento surge quando você dá e recebe dinheiro. Você sente pena da pessoa que lhe dá dinheiro? Você sente desconforto e irritação quando dá seu dinheiro ao outro? Tem gente que sente vergonha e culpa quando recebe, ao passo que quando dá ou perde sente alívio. Essas são as Crenças Sabotadoras e elas podem estar por trás dessas dinâmicas. Você precisa primeiro reconhecê-las: Como se sente? Depois precisa ver as origens e mudar essa percepção. Feito isso, tudo flui. Perceba que esses sentimentos estão baseados nas crenças de família, se você muda isso, a sua energia muda e você vai sentir bem-estar e vai ter abundância e prosperidade, assim como seus sucessores também.

Mas esse tema é mais profundo do que podemos imaginar, então, cuidado com as crenças sabotadoras! Verifique ao longo da sua vida se você ouviu e tomou essas ideias como verdades: "Os ricos são gananciosos, desonestos, exploradores" ou, "É mais fácil um camelo passar pelo buraco da agulha que um rico entrar no reino dos céus", e pergunte-se: "Será que tenho medo de seguir um caminho diferente da minha família se ela não tem prosperidade?", "Será que terei medo de ter de ajudar a minha família se ganhar muito dinheiro?", "Será que o dinheiro pode me corromper ou pode me tirar a paz interior, ou atrair inveja, falsos amigos, assalto, sequestro?". Lembre-se: sua mente inconsciente pode estar sabotando secretamente a sua prosperidade!

Mas como vou saber se existe algo me sabotando? Basta você se lembrar da sua infância, revivendo sentimentos de mágoa (por exemplo) que sentiu em relação a seu pai, e depois compare ao que você vive hoje na área que está estagnada ou parada.

Não é simples esse exercício, mas você vai conseguir encontrar, a um nível profundo, o que está bloqueando, e, assim, começar o processo de eliminação desses bloqueios usando as dicas dos exercícios apresentados nos capítulos anteriores.

Pare por alguns minutos, torne-se consciente dos sentimentos que você possui em relação ao momento financeiro que vive. Agora, procure em seu passado essas mesmas sensações e veja em que situações ela aparece, assim encontrará as travas.

24

RELACIONAMENTOS AFETIVOS

*Pode passar décadas,
mas o afeto jamais morre
quando bem cuidado dentro de nós.*

A abordagem nesse momento se volta para os relacionamentos afetivos, situação em que a maioria das pessoas encontra grandes dificuldades para manter uma boa relação a dois. Esse é um tema muito abrangente e repleto de detalhes, ele não é composto de regras, mas, sim, de processos individuais. A complexidade se baseia exatamente nesse ponto, ou seja, cada caso é um caso, mas podemos observar, em relação às desordens presentes, os problemas mais comuns e de que maneira podemos aplicar a devida limpeza como fator de reparação e conscientização.

Como todos nós sabemos, a família se constrói pela relação de um casal, quando cada um traz da sua família de origem muitas referências sobre vários aspectos da nova estrutura que será edificada.

É por um relacionamento amoroso e a consumação desse amor que ambos deixam as suas origens, para estabelecerem um novo vínculo que, posteriormente, segue para futuras gerações. É a formação de novas estruturas familiares, como uma jornada onde o bastão é passado para o outro, numa nova corrida.

Esse elo ou conexão, chamado de *vínculo,* torna-se o ponto agregador da família para qual devemos amor, respeito e lealdade, sendo distribuído igualmente a todos.

A relação entre homem e mulher deve ser de pleno equilíbrio, pois é justamente nesse exemplo de bom inter-relacionamento que os próximos carregarão a tendência de levar em frente, ou seja, famílias em desordem, complexas ou desequilibradas na relação afetiva tendem a ter como descendentes o mesmo processo. Todo amor e bom relacionamento tem impacto fundamental na nutrição e na sustentação do amor dos filhos também. Dessa forma, fica claro que casais que se amam e se respeitam nutrem os seus filhos com esse amor e respeito e leva-os a repetirem esse processo em seus novos vínculos.

É preciso entender que todo relacionamento íntimo entre o casal cria um laço de alma que é indissolúvel, por isso, sempre é reafirmado que o primeiro vínculo é o mais forte e que predomina de forma a ser especial. Quando esse vínculo é dissociado através de uma separação, os envolvidos estabelecem novos relacionamentos e podem carregar a sensação de culpa, o que não permite que a nova relação se estabeleça de maneira saudável ou fortalecida. O que verificamos constantemente é que os membros podem repetir os mesmos padrões de comportamentos anteriores, os mesmos que os levou à separação.

Este capítulo nos lança a novas perspectivas e pode salvar a sua vida afetiva, bastando apenas você se questionar para ter uma tomada de consciência: Você carrega culpas pelo fato do primeiro casamento ou mesmo relacionamento anterior não ter dado certo? Se a resposta for sim, é hora de procurar um trabalho terapêutico para eliminar de uma vez por todas essa percepção. Agora responda: Você está repetindo os mesmos padrões que levaram a queda da relação anterior? Chamamos de padrões repetitivos tudo aquilo que está alicerçado na sua energia familiar.

Outro detalhe que não podemos deixar de apresentar é sobre a repetição de destinos. Vamos entender melhor. Em qualquer sistema familiar existem crenças, medos, traumas e padrões comportamentais inconscientes que acabam criando dificuldades na relação entre o casal, o que impede que um esteja, de fato, disponível para o outro na relação. Quando digo disponível, quero dizer abertos ou verdadeiramente envolvidos em sua plenitude.

Essas dificuldades ou bloqueios para se relacionar são apresentados pelas crenças do sistema familiar, tais como: "Os homens não são confiáveis" ou "os homens não prestam", que foram apresentadas por suas mães ou avós, que certamente sofreram com experiências de infidelidade ou passaram a vida ouvindo suas mulheres criticando os seus companheiros, assim, quando adultas, comportam-se como se dissessem: "Se minha mãe sofre por não ter tido sorte nos relacionamentos, ou por ter sido traída pelo meu pai, então eu também não posso ser feliz. Preciso segui-la no sofrimento e na infelicidade". Pode, a princípio, parecer algo meio absurdo, mas tudo isso é inconsciente, assim, ao repetirem o mesmo destino de suas mães ou avós, ou seja, atraindo muitas vezes homens que as abandonam ou as traem, essas filhas e netas se sentem infelizes, porém, com a consciência boa, pois sentem que seguem os seus com lealdade.

Os sentimentos podem passar de geração a geração. É comum que essas filhas direcionem sentimentos de raiva e frustração aos seus parceiros, como um processo de depuração, ou mesmo que ela se vinguem dos homens em nome de seus ancestrais.

Vínculos a histórias passadas e o desenvolvimento de sentimentos de raiva, reivindicação, indignação, inferioridade ou mesmo incapacidade podem estar presentes, mas não pertencem a sua essência, é apenas uma transmissão dessa carga pelo sistema familiar, esse é o típico aspecto da lealdade que não beneficia, uma consciência moral que limita o bem viver.

Olhando para todos esses aspectos, até pode passar pela nossa cabeça que isso é alguma maldição, mas não é, tudo isso são aspectos ancestrais e esses elos podem ser quebrados. Tomar consciência e possuir atitudes diferenciadas que muitas vezes implicam em carregar e suportar certa culpa.

Um exercício que poderá ajudar você a honrar o destino das antigas gerações, sem manifestar bloqueios em sua vida amorosa, é apresentado a seguir. Essa prática faz parte de uma série de experiências de Bert Hellinger e foi escolhida a dedo para que você possa se livrar desses aspectos negativos.

Sentado em uma cadeira, em um ambiente tranquilo e silencioso, feche seus olhos e descruze as pernas. Faça algumas respirações profundas e, em seguida, busque um ponto de equilíbrio interior, observando de forma consciente tudo o que acontece dentro do seu corpo.

- **Para as mulheres:** coloque-se em contato com as gerações anteriores de seu gênero e observe nelas o sofrimento que viveram por culpa dos seus homens. É preciso olhar de forma clara e comover-se com a força que tiveram para suportar esse sofrimento. Agora, incline ligeiramente a cabeça diante da grandeza de tantas gerações de mulheres que sofreram nas mãos dos homens.

- **Para os homens:** comece a evocar agora muitas gerações masculinas passadas e veja nesses homens sua desconfiança, sua tensão, sua violência e também perceba neles sua culpa e seu medo. Agora, incline ligeiramente a cabeça diante do destino difícil de tantos homens que não conseguiram a plena confiança com as mulheres.

- **Encerramento** *(para ambos):* agora é possível vê-los todos juntos, homens e mulheres, e lamentar por aquilo que os separou e os fez sofrer. Incline-se diante de todos eles, unindo e reconciliando ambos os gêneros em seu próprio coração. Finalmente, tanto homens como mulheres devem deixar para trás essas vivências difíceis e pedir a bênção das gerações anteriores para o seu próprio bem-estar nos relacionamentos, atual e futuro. Com muito amor, deixe para trás toda a desgraça e a dor que eles viveram.

Respire fundo, está feito. Sempre que sentir necessidade repita esse exercício.

E quando o amor não vem? Uma das perguntas mais comuns que recebo é: "Por que não consigo encontrar um amor?". Será que isso também tem a ver com ancestralidade? Acredite, tem sim!

Podemos afirmar que, para um relacionamento dar certo a mulher deve ver no homem aquilo que falta nela e o homem deve perceber na mulher aquilo que ele não tem, essa é uma ideia de completude de necessidades, é funcional se ambos tiverem a prosperidade de dar e receber na mesma medida.

Quantas vezes escuto pedidos de mulheres que dizem não conseguirem encontrar um homem para se relacionarem, para construírem algo, para viverem uma vida a dois. Todos sabemos que essa missão ou busca de encontrar o parceiro ideal requer um pouco de inteligência, não basta ter só aquele amor que tantos dizem ser necessário. Eu sempre afirmo que encontrar um amor é a coisa mais fácil e simples do mundo, mas que mantê-lo requer muito mais.

A primeira ideia é observar bem os comportamentos e atitudes do outro e também as suas histórias de vida, é preciso de ingredientes como compromisso, respeito, confiança. Sem isso, acredite, lá na frente não tem amor, tem armadilha.

Uma pergunta que pode ajudar a estabelecer um vínculo duradouro é: "Quais foram os relacionamentos realmente importantes que você já viveu?" Ao responder essa questão, procure entender o que havia neles de fortalecedor, aquilo que fez a diferença. Se você já foi casada, noiva ou mesmo possuiu um relacionamento, questione-se: "Como terminaram estes relacionamentos? Alguém saiu magoado, ferido, com raiva?" Todas essas respostas podem dar indicações das razões que impedem que um novo relacionamento se inicie.

Existe uma coerência em entender que um ciclo novo só pode começar se o antigo for fechado. Esse ciclo somente pode ser fechado se você respeitar a situação. Se tiver sentimentos negativos, a porta está entreaberta e todas as angústias estarão presentes no que você denomina como "novo".

Esta é uma regra aparentemente simples que pode nos trazer vários insights sobre pessoas com as quais nos relacionamos e que não foram respeitadas ou que excluímos da nossa vida como se elas nunca tivessem existido. Às vezes, fazemos isso inconscientemente ou porque ficamos com raiva por algo que tenha acontecido entre nós.

Retornando à primeira ordem do amor, que diz que todos têm o direito de pertencer e merecem um lugar no sistema, que ninguém pode ser excluído, assim teremos a imagem que talvez algo ou alguém esteja faltando. Somente quando pudermos olhar internamente para estas pessoas e reconhecer seu lugar em nossa história é que será possível ficarmos liberados para começarmos algo novo. Se algo assim aconteceu com você, talvez o exercício a seguir possa ajudá-lo a dar um passo em direção a uma solução.

Sente-se confortavelmente, feche seus olhos e relaxe seu corpo respirando algumas vezes bem profundamente.

A cada respiração, sinta que você fica mais relaxada e conecte-se com o seu coração. Sinta as batidas do seu coração e veja, imagine na sua frente, os seus relacionamentos anteriores. Sinta quem são as pessoas importantes que devem estar ali. Veja que eles se posicionam à sua frente em uma linha, um ao lado do outro.

Olhando de frente para eles, coloque-os em ordem cronológica, da esquerda para a direita, no sentido horário. Veja na sua frente, logo à esquerda, seu primeiro amor; ao lado dele vá posicionando um a um, todos aqueles que, de alguma forma, foram importantes para você.

Agora vá até o primeiro e olhe nos olhos dele ou dela, e veja, sinta, perceba se tem algo que ele ou ela quer lhe dizer. Veja se algo ficou faltando e tenha um breve diálogo com esta pessoa.

Você pode dizer a ela: "Você foi o meu primeiro amor. Com você vivi muitas coisas boas. Eu agradeço por tudo que recebi de você. Eu assumo minha parte da responsabilidade por aquilo que não funcionou entre nós e deixo sua parte com você. Você sempre será o primeiro e terá um lugar certo no meu coração. Agora eu o deixo em paz".

Quando terminar, faça uma reverência muito leve e dirija-se para a próxima pessoa, se houver.

Faça isso com cada um deles e dê a eles um lugar certo em sua vida. O primeiro, o segundo, o terceiro, etc. Sinta o que acontece internamente com você e o que muda nas pessoas. Com cada um deles poderá ocorrer um encontro diferente. Talvez, depois deste processo, você possa compreender algo que até o presente momento desconhecia. Como são inúmeros os casos, partimos do mesmo princípio: não podemos excluir, devemos agradecer e seguir.

25

OS VÍCIOS – UMA LIMPEZA NECESSÁRIA

Um vício é um grito de dor sem fim, onde poucos escutam.

Todos nós estamos imersos em um sistema que começa pelo indivíduo, chega ao grupo familiar e se estende de forma planetária. Estudos científicos comprovam que de uma maneira ou de outra, estamos todos conectados, e nossas ações repercutem no todo. Através dessa observação simples, chegamos ao entendimento de que pelo menos uma pessoa em nossa família está ligada de alguma forma a um vício, que pode ser dos mais variados tipos: como álcool, drogas ilícitas, fumo, sexo, jogos e muitos outros. É certo que essa prática tem um impacto destrutivo para a própria pessoa e também para toda a harmonia do sistema familiar, por isso, valemo-nos de um propósito único de tentar corrigir esses padrões.

Em conversa com uma especialista dessa área da saúde, com anos de vasta experiência e dedicação, para mim ficou claro que, para eliminar um vício não é algo que se faz de um dia para o outro. Acabar com um vício requer recursos terapêuticos e, em geral, as taxas de recuperação quase nunca ultrapassam os 10%. Porém, tenho visto bons resultados, pelo menos acima dessa média quando aliamos a recuperação convencional à pratica do Ho'oponopono.

Logo, podemos ter em mãos um sistema que pode nos ajudar a obter melhores resultados, para tanto, faz-se necessário instalar alguns conceitos e uma prática detalhada. O ponto inicial é entender o que é o vício?

Num conceito básico, vício é tudo o que prejudica o homem, como um hábito negativo e destrutivo. A pessoa que possui um vício está com o seu nível de consciência afetado de forma drástica, em uma linguagem popular, não pensa claramente, a dependência cresce de forma alarmante. Podemos dizer que o indivíduo está doente e, em geral, não tem consciência disso. Isso, fatalmente, afeta o grau de aceitação e a busca por recursos de tratamento. O viciado não se encontra nesse estado por que quer. O vício, além de modificar a sua percepção do mundo, também altera o seu controle sobre vários aspectos da vida, logo, para vencer os vícios, é preciso de mudanças profundas no sistema de conscientização individual e de grupo.

Vícios são de origem hereditária e podem ser disparados através de gatilhos, por exemplo: a pessoa tem no sistema ancestral alguém com o vício de álcool, se, em dado momento, ela ingerir uma pequena quantidade de bebida alcoólica, isso pode disparar um gatilho genético e, assim, determinar o alcoolismo. Existem, sim, outros aspectos. Ainda não são bem evidentes todos os motivos psicológicos que determinam os vícios, mesmo assim podemos estabelecer alguns pontos nos quais, após exaustiva observação, vão se mostrar importantes para prevenção desses mecanismos.

Algumas fórmulas fundamentais usadas como preventivo são:

- Avaliar se na sua família existe ancestrais que tenham algum tipo de vício, seja qual for. O vício é um mecanismo de dependência, o que pode mudar é apenas objeto dessa dependência em relação a algo, como: fumo, sexo, drogas, bebida e outros, uma vez que entendo que existe na minha família a possibilidade de uma hereditariedade, faz-se necessário a prevenção dos disparos, para se evitar as questões de repetição e desordem.
- Observar a falta do pai. Uma pessoa pode se tornar um viciado quando a mãe lhe diz: "O que vem do seu pai não vale nada. Tome só de mim." Nesse caso, a mãe está bloqueando a tomada do amor pelos filhos. A criança, por sua vez, vinga-se por raiva, tomando tanto da mãe, que ela sofre prejuízo. O vício pode ser visto como vingança da criança contra sua mãe, pelo fato de ela ter impedido que tomasse algo do pai.
- O vício pode ser verificado, também, como uma expiação ou um pagamento. Quando o dependente pode ter registrado em suas memórias a imagem de um pai alcoólatra Esse fato pode acarretar muito sofrimento para todos, até mesmo para a mãe, são inúmeras as possibilidades, o que confere que cada caso tem sua história em particular.

- O desejo de morrer é outro fator. Um vício que envolve risco de vida, como, por exemplo, tomar heroína ou outras drogas pesadas, pode ser uma tentativa disfarçada de suicídio, cujos motivos podem ter dinâmicas ligadas à ancestralidade, em geral, como formas de compensação que, quando inconsciente, pode atuar com muita força na vida daqueles que perderam algum familiar próximo.

Mais uma vez podemos observar como é fundamental os papéis de pai e mãe para o caminhar saudável do filho na vida. Quando há desrespeito entre os pais, é possível que os filhos tomem este desrespeito para si, ocasionando a interrupção do acesso a um dos genitores, isso será sentido como uma falta pelo filho, que poderá buscar preencher este seu sentimento através de experiências externas, entre elas, as drogas.

No fim, o que observamos é que, geralmente, todos os processos expostos estão alicerçados na família, e que a conduta do grupo em relação a esses problemas, na maioria dos casos, é de movimento de exclusão, ou seja, os familiares excluem a pessoa que está doente ou que possui o vício, afastando-a do grupo.

Em se tratando da cultura havaiana, observei que essa exclusão não existe, mas, sim, um processo de entendimento, amor, perdão, gratidão e reconhecimento, portanto, vamos utilizar esse processo com a finalidade de limpeza.

Ho'oponopono – A limpeza dos vícios
O processo de abertura

Eu utilizo muito o Ho'oponopono como uma ferramenta de cura para os vícios. Quem tem um vício, não caminha sozinho, caminha com a família, não é somente a pessoa que vai precisar de suporte, mas, sim, todos os familiares. Quando há um membro da família que está no vício do álcool, por exemplo, eu sempre indico buscar o auxílio no AA (Alcoólicos Anônimos) pois, sem dúvida alguma, eles possuem uma capacidade profissional inquestionável. Se o caso for dependência de drogas, que busque o NA (Narcóticos Anônimos) ou outras entidades de apoio, eles vão auxiliar o dependente químico como também aos familiares em como lidar com o dependente, isso é extremamente necessário.

Uma questão importante é que não devemos reprovar, criticar ou mesmo excluir ou punir o dependente, isso somente leva a terríveis consequências, pois nos coloca contra os decretos da ancestralidade e, por todos estarem cumprindo papéis compensatórios, o entendimento é necessário, bem como o amor.

No Ho'oponopono determinamos sempre o aspecto da autorresponsabilidade, para, depois, todos entenderem o seu papel no processo do vício. Assim, é possível olhar o sistema familiar com o entendimento de que se faz necessário, abrindo espaço para a devida limpeza, passando a uma consciência de aceitação, amor, perdão e gratidão.

Neste processo de resgate estabelecemos alguns passos de conscientização:

- O primeiro passo é mostrar ao dependente a ideia real de que o vício é algo que não podemos controlar, é ele que nos controla. O vício distorce a forma de vermos as coisas, a de todos nós, do dependente e das pessoas que o cerca. A dependência se torna uma sombra e só causa infelicidade, se não lutarmos, ela nos derrotará como ser humano, precisamos de união para vencê-lo.

- Precisamos estar cientes de que, os instrumentos que conseguem vencer a dependência química é a fé em Deus, na família e na vida, é preciso que esses três alicerces sejam nossa proteção.

- É necessário, também, realizar um breve inventário das atitudes da pessoa que sucumbiu ao vício e analisar como esse comportamento pode prejudicar a todos e como podemos, juntos, melhorar tudo isso. Encarar a realidade e realizar pequenas mudanças, uma por vez, e só por hoje, é um grande passo no início do tratamento. Estimule a pessoa a pensar: "Só por hoje vou me dedicar a ser melhor, para mim mesmo e para todos ao meu redor".

- Lembre-se: ficar distante de todas as pessoas e circunstâncias nos leva na contramão do que propomos. Precisamos estar unidos, caso contrário cairemos, esse é um estado de vigília contínuo.

- Agora, chegou o momento de despertar e de usar a sua força para perdoar e pedir perdão, agradecer e reparar estragos. Enfim, é momento de se conscientizar e seguir em frente.

O que vimos nesses passos foi um processo de conscientização, onde o dependente e todos ao seu entorno entendem o que está acontecendo e o como deve agir. Agora, o dependente deve praticar as seguintes formas de liberação.

- A primeira etapa a ser realizada é a oração ancestral, que pode ser feita pelo dependente ou por algum membro da família, seguindo a indicação de 90 dias pela manhã, com a finalidade de limpar as energias ancestrais negativas. A oração estará no final deste capítulo.

- Conjuntamente a essa oração, mas em outro período, de preferência à noite, deve ser feito o Ho'oponopono, também durante o período de 90 dias, com a seguinte formulação: vou me abrir e me conectar com três respirações naturais, inspirando pelo nariz, retendo e soltando. Depois, inicio fazendo um pedido (ou uma *petição*, como gosto de chamar) e, posteriormente, falo quatro frases por cinco minutos (o que chamo de *ciclo*). A petição usada é: "Deus limpe em mim todas as raízes do vício de (nome da pessoa)". Agora repita, de coração, por cinco minutos, as seguintes palavras: Sinto muito, Me perdoe, Eu te amo, Sou grato *(ou Gratidão)*.

- Ao final, respire profundamente e finalize o primeiro ciclo. Faça isso por mais duas vezes, pois o Ho'oponopono necessita de três ciclos ao todo. Esse processo pode ser feito por você mesmo, para você ou para qualquer familiar do seu sistema, ou por um grupo de pessoas unidas com o mesmo propósito. Siga todo o protocolo e certamente teremos mais probabilidade de êxito.

Oração Ancestral

Divino Criador, Pai, Mãe, Filho, todos em Um.

Se eu, minha família, meus parentes e antepassados, ofendemos sua família, parentes e antepassados em pensamentos, fatos ou ações, desde o início da criação até o presente, nós pedimos o seu perdão.

Deixe que isso se limpe, purifique, libere e corte todas as memórias, bloqueios, energias e vibrações negativas.

Transmute essas energias indesejáveis em pura luz e assim é.

Para limpar o meu subconsciente de toda carga emocional armazenada nele, digo uma e outra vez, durante o meu dia, as palavras chave do Ho'oponopono: "Eu sinto muito, Me perdoe, Eu te amo, Sou grato".

Declaro-me em paz com todas as pessoas da Terra e com quem tenho dívidas pendentes. Por esse instante e em seu tempo, por tudo o que não me agrada em minha vida presente: "Eu sinto muito, Me perdoe, Eu te amo, Sou grato".

Eu libero todos aqueles de quem eu acredito estar recebendo danos e maus tratos, porque simplesmente me devolvem o que fiz a eles antes, em alguma vida passada: "Eu sinto muito, Me perdoe, Eu te amo, Sou grato".

Ainda que me seja difícil perdoar alguém, sou eu que pede perdão a esse alguém agora. Por esse instante, em todo o tempo, por tudo o que não me agrada em minha vida presente: "Eu sinto muito, Me perdoe, Eu te amo, Sou grato".

Por esse espaço sagrado que habito dia a dia e com o qual não me sinto confortável: "Eu sinto muito, Me perdoe, Eu te amo, Sou grato".

Pelas difíceis relações às quais só guardo lembranças ruins: "Eu sinto muito, Me perdoe, Eu te amo, Sou grato".

Por tudo o que não me agrada na minha vida presente, na minha vida passada, no meu trabalho e o que está ao meu redor, Divindade, limpa em mim o que está contribuindo para minha escassez: "Eu sinto muito, Me perdoe, Eu te amo, Sou grato".

Se meu corpo físico experimenta ansiedade, preocupação, culpa, medo, tristeza, dor, digo e penso: "Minhas memórias, eu te amo, estou agradecido pela oportunidade de libertar vocês e a mim. Eu sinto muito, Me perdoe, Eu te amo, Sou grato".

Neste momento, afirmo que te amo. Penso na minha saúde emocional e na de todos os meus seres amados. "Te amo".

Para minhas necessidades e para aprender a esperar sem ansiedade, sem medo, reconheço as minhas memórias aqui neste momento: "Sinto muito, eu te amo".

Minha contribuição para a cura da Terra: "Amada Mãe Terra, que é quem Eu Sou, se eu, a minha família, os meus parentes e antepassados te maltratamos com pensamentos, palavras, fatos e ações, desde o início da nossa criação até o presente, eu peço o teu perdão".

Deixa que isso se limpe e purifique, libere e corte todas as memórias, bloqueios, energias e vibrações negativas.

Transmute essas energias indesejáveis em pura luz e assim é.

Para concluir, digo que esta oração é minha porta, minha contribuição à tua saúde emocional, que é a mesma que a minha. Então esteja bem e, na medida em que vai se curando, eu te digo que:

"Eu sinto muito pelas memórias de dor
que compartilho com você."

"Te peço perdão por unir meu caminho ao seu para a cura."

"Te agradeço por estar aqui em mim."

"Eu te amo por ser quem você é."

26

CRIANDO A INFINITA ABUNDÂNCIA

*Se reconheço o que tenho,
essa energia traz tudo o que desejo.*

Para fechar os temas mais relacionados à energia ancestral, escolhi reforçar a área de abundância trazendo uma pergunta em particular: "Como podemos chegar aos nossos pais, tomando de suas forças, por meio de simples passos e, assim, equilibrar minha vida?"

Vamos a uma resposta bem objetiva: para encontrar nossos pais em nosso coração e dissolver tudo aquilo que nos impede de expressarmos esse inegável amor que possuímos, vamos tentar negar ou contrariar, com muito esforço, o sentimento que temos por eles. Isso não é possível, mesmo com toda dor, mesmo que a vida não tenha sido como você desejou em relação aos seus pais, dentro de cada filho há um amor especial, isso faz parte integral da natureza humana.

O que geralmente acontece é que sofremos muito na busca da reciprocidade desse amor. Por vezes, quando a reciprocidade não chega na medida que desejamos, o fluxo é interrompido, podendo-se criar mágoas. Em verdade, estamos despreparados para compreender o que acontece à nossa volta e, por esse motivo, algo se coloca entre nós e os nossos pais.

Um fluxo interrompido é quando, em um determinado momento, sentimos a necessidade da proteção e afeto dos pais, mas por algum motivo isso não foi possível. Existem muitas histórias mal compreendidas que podem estabelecer esse bloqueio. Como exemplo, posso tomar o caso de Júlia, que quando criança ficou internada e teve de se afastar de sua mãe, isso mais tarde criou uma sensação de abandono. Ou o caso da Márcia, que se sentiu da mesma maneira quando sua mãe adoentada teve de ficar por dias hospitalizada e ela teve de se abrigar na casa de uma tia. Ou a Rita, que via as mães beijando seus filhos ao entrar na escola e sua mãe nem ao menos lhe dava a mão, fazendo, inconscientemente, com que ela se sentisse sempre insegura. E por aí vai, casos ou situações em que os pais não estavam imediatamente disponíveis ou não conseguiam expressar a afetividade.

A criança não possui ainda a capacidade de compreender os acontecimentos ao seu redor, ela faz a leitura de que está sendo abandonada, logo, essa emoção é recebida de maneira profunda e dolorosa. Esse acontecimento fica gravado no inconsciente e no corpo. Ela passa então a sentir com todas as forças que não deve ou não pode contar com o colo que está ali à disposição. Isso é mais comum do que pensamos e acontece com muitos de nós.

Sentimos medo de passar por todo o trauma, de reviver e confirmar que aquele afeto não está ali, para nós. Nosso corpo está sendo guiado pela criança que se sente indefesa e deseja a segurança que só pode sentir com seus pais.

O que mais se observa é que quando passamos por uma situação como esta, tendemos a bloquear, inconscientemente, os movimentos dos pais até nós e o nosso movimento até eles, criando-se, assim, uma falsa proteção pessoal.

Quando fazemos isso, perpetuamos a ideia de que não recebemos o afeto que esperamos, sem perceber que também estamos contribuindo para a dificuldade de não chegarmos até eles ou, talvez, sem perceber outras situações em que fomos amados e cuidados por nossos pais ao modo deles.

Precisamos limpar essas memórias que se revelam como inseguranças, carências ou sensações de rejeição. Com apenas um exercício poderoso de mentalização, alternado com o uso da técnica de Ho'oponopono e respirações específicas, essa liberação acontece. Siga a preparação e as instruções e faça o exercício a seguir:

Pegue três fotos: a sua, a de mamãe e a de papai.

Caso não tenha fotos, apenas mentalize e visualize os rostos ou o significado de cada um para você.

Coloque as fotos ou a imagem à sua frente. Olhe para cada uma delas, fixamente, por um minuto.

Respire profundamente, inspirando o ar, retendo e soltando, contando até três em cada etapa, lentamente. Permita-se sentir qualquer emoção.

Vá com calma, gradualmente, no seu ritmo e deixe que o que há de interrompido em você reencontre seu fluxo. Vá devagar.

Você tem tempo. Eles estão disponíveis para você. Encontre seus pais em seu coração.

Diga várias frases em voz alta, tome apenas consciência delas, respire após cada uma e diga: "Sinto muito, Me perdoe, Eu te amo, Gratidão".

Olhando para as imagens, pense que você já passou inúmeras dificuldades nesta vida, muitas delas profundas e marcantes. Agora, você precisa ter a consciência clara e justa de que, para encontrar sua força e seguir em frente, deve se voltar para seus pais e receber deles todo o fluxo do amor, que chega através de tantas gerações.

Para muitas pessoas pode ser difícil encontrar este caminho, mude esse conceito, pense: "Para mim, hoje, esta é a direção, o grande passo, o acerto, a reconciliação.

Agora verbalize isso, diga: "Eu compreendo perfeitamente que toda minha força se baseia nessa proposta. Sinto muito, Me perdoe, Eu te amo, Gratidão.

Elimino tudo que seja contrário a essa reconciliação, nada é difícil, nada é impossível, nada me afeta ou afetará nesse novo caminho, eu quero o amor deles. Sinto muito, Me perdoe, Eu te amo, Gratidão.

Jamais em toda a minha existência vou negá-los, vou dizer não ao seu amor. Sinto muito, Me perdoe, Eu te amo, Gratidão.

Hoje olho para a grandeza do meu pai, ele é um homem comum, mas é grande, ele é um homem comum, mas amou minha mãe. Sinto muito, Me perdoe, Eu te amo, Gratidão.

Você está indo bem, agora olhe para a sua mãe, olhe para a grandeza e a força dessa mulher. Sim, ela é uma mulher comum, mas forte, e ela amou profundamente seu pai. Sinto muito, Me perdoe, Eu te amo, Gratidão.

Juntos eles me deram algo sagrado, chamado vida, diga: "Eu agradeço a minha vida, eu agradeço papai e mamãe. Sinto muito, Me perdoe, Eu te amo, Gratidão.

Ninguém deu a você mais do que eles, então diga: "Tudo o que aconteceu em minha vida foi o melhor para mim, eu aceito e agradeço. Sinto muito, Me perdoe, Eu te amo, Gratidão.

Tudo faz parte da vida. Tudo. Eu entendo. Sinto muito, Me perdoe, Eu te amo, Gratidão.

Por fim, respire fundo e acolha-os mentalmente em um forte e demorado abraço e diga: "Eu aceito e agradeço sempre!

Respire fundo e está feito!

Veja a seguir um segundo exercício muito eficaz para a correção da abundância.

Pegue a foto de papai e mamãe, coloque à sua frente e entenda tudo da seguinte forma: se olharmos para nossa família, para os ancestrais vindos de nosso pai e mãe, vemos que por trás de cada um está o seu destino de forma imponente.

É necessário observar cada uma dessas pessoas com profunda atenção e olhar para além delas, diretamente para o seu destino, sem nenhum julgamento, apenas como um observador.

Olhe o destino do seu pai, curve-se diante desse destino, aceite-o, esse é o destino dele, de mais ninguém, cada um tem seus passos, suas decisões, escolhas, cada um é realizador do seu próprio destino, portanto, levante-se incline-se diante dele com reverência e honradez e saia da sala por alguns minutos, isso vai simbolizar que cada um tem o seu destino, que aquele é ou foi o dele, e que este, hoje, é o seu, a sua direção e sua escolha, respeite profundamente o destino dele, que os eu será automaticamente respeitado.

Realize agora a mesma experiência com mamãe. Aceite o destino dela, afinal esse destino é o dela como indivíduo, como ser humano, honre isso.

Depois, vire de costas para ambos e veja o seu destino diante de si. Curve-se diante dele, entre em sintonia e concorde com ele da maneira que é.

Quando os aceitamos, experimentamos simultaneamente o vínculo e a liberdade. Nada é maior que eles. NADA! Saiba que você foi amado da melhor maneira pelos seus pais. Eles, assim como nós, talvez estiveram em desordem, confusos, repletos de conflitos, porém, estejamos certos, eles fizeram o possível, no seu tempo e de acordo com a compreensão que possuíam. Respire profundamente e, a partir desse momento, a aceitação, respeito e honradez por cada destino acerta a sua energia para a prosperidade e a abundância em sua história pessoal.

A Energia Ancestral de Escassez

Você sabe dizer qual é a energia da sua família em relação ao dinheiro? Vamos melhorar esta pergunta: Qual é a mentalidade da sua família em relação ao dinheiro, à prosperidade e à abundância?

A mentalidade já diz tudo no meio em que estamos inseridos e, certamente, acabamos trazendo esse conceito para perto de nós, inserindo no formato de crenças pessoais. Logo, se for uma mentalidade negativa a escassez estará presente. Você sabe que a maneira de pensar é a fórmula da associação de uma crença a um padrão energético, se a mentalidade for de escassez, o grupo não tem afinidade ao dinheiro e centenas de crenças bloqueadoras são acionadas, essa energia se instala no sistema.

Algo que também me chama a atenção é quando os pais possuem uma mentalidade de prosperidade e também podem passar aos filhos um ciclo de comportamentos negativos e sabotadores, pode parecer estranho, mas é uma nova realidade.

Para esclarecer esse ponto de vista, imagine um pai próspero, que tenha o foco nos seus negócios, mas que, por outro lado, deixa de dar atenção aos seus familiares. Isso cria um desequilíbrio, pois seu filho pode perceber que gostaria mais que o seu pai tivesse ao seu lado do que ao lado da empresa, e essa forma de pensar, essa ideia gerada, institui dentro dele uma crença: a de que o dinheiro é mal, o dinheiro afasta o pai, o amigo, a figura paterna que ele ama, e então, reformula a questão da prosperidade e dá outra energia para ela, a de polaridade negativa.

Esse modelo mostra que a família que desenvolve prosperidade tem de possuir um estado de equilíbrio entre o trabalho e a vida familiar, assim seus descendentes continuam o mesmo grau de equilíbrio e desenvolvimento, caso contrário, instala-se a carência financeira e afetiva. Em geral, quem se rebela a esse modelo de instabilidade entre o equilíbrio acaba tomando uma série de decisões diferenciadas, como se fosse um grande grito familiar, chamando a atenção para as questões de compensação; são os chamados ovelha negra que, em definição, é aquele que pertence ao grupo, mas tem uma série de ideias e ideais diferentes. Essas pessoas costumam pensar de forma antagônica ao grupo, e isso pode gerar conflitos, lembrando que, ideias diferentes são necessárias a qualquer sistema, mas não podem ser expressadas com revolta e anarquia, caso contrário ao invés de acertos, teremos mais problemas.

Nesse caso, a missão deste integrante é a de renovar as energias e a mentalidade do grupo, essa renovação precisa ser feita de forma diplomática e não de maneira impositiva ou impactante, afinal, como mudar uma estrutura de séculos por pura imposição, isso não é possível sem amor, respeito e honradez. O integrante precisa mostrar ao grupo que não há problema algum em ser ou pensar de forma diferente do outro, mas que o que ingrediente mais importante é o respeito entre todos do clã.

Se não há respeito, há exclusão. Se não há equilíbrio há escassez. Esse tema tem total importância no que concerne à família. Devemos acolher as diferenças e respeitá-las, não há nada de errado em ser diferente, mas também não tem nada certo em não se respeitarem. A energia sempre precisa ser renovada, essa é a base de toda evolução.

Pais e Filhos – Desatando Nós

Para fechar este capítulo sobre prosperidade, é necessário aprender a solucionar questões problemáticas no relacionamento entre pais e filhos. O processo poderia ser simples, aceitar, honrar, respeitar, agradecer e ponto final, tudo se ordena e assim estaria resolvido, mas as coisas não são tão simples assim.

Eu não aceito minha mãe ou meu pai, essas são as frases que mais escuto no meu dia a dia, junto delas, um caminhão de histórias dolorosas.

Na verdade, não aceitar mãe ou pai é rejeitar uma parte deles dentro de nós mesmos e, psicologicamente e energeticamente, isso somente traz doenças, escassez, carências e todos os mais profundos males que podemos encontrar.

Você pode ter criado uma tremenda resistência em não aceitar o seu criador (mãe e pai), mas como vai conviver com eles dentro de si mesmo sem esse processo?

Isso mesmo, dentro de você, pois eles estão em toda a sua constituição genética, comportamental e energética, mas não significa que você tenha de repeti-los ou seguir os seus passos, A não aceitação leva a repetição, e ela pode ser totalmente inconsciente.

A grande questão é que, com o tempo, muitas pessoas acabam admitindo serem muito parecidas com seus genitores, é um passo para a maturidade, afinal, essa negação não ajuda muito, o correto a se fazer é aceitar o outro como ele é e não como não queremos que ele seja, e seguir a vida em plena paz.

Pode parecer bem simples, mas isso exige muito. Talvez seja preciso amadurecer alguns aspectos em relação a esse tema e permitir que o tempo faça a sua parte, mudando suas ideias e comportamentos e, assim, num determinado estágio de sua vida, você dará um salto para uma nova consciência. Só precisamos ter o cuidado de não criar mais resistências o que provocaria um aumento de tempo para essa nova revelação, afinal, nem sempre os pais estarão aqui no plano físico disponíveis a nós.

Se, por algum motivo, essa maturidade chega e eles não estão mais aqui para que possamos realizar os devidos acertos, sentiremos uma profunda culpa e teremos também a tendência de repetir padrões que não desejávamos, por amor. Tenho uma paciente que ficou impressionada com a declaração de sua filha pequena, simplesmente dizendo: "Mãe como você se parece com a vovó." Pronto, chegou o sinal de que somos parecidos, e se queremos mudar alguns aspectos é preciso antes aceitá-los.

Mas o que e como fazer isso?

Cada um possui a sua individualidade, traz consigo crenças, memórias da sua infância, dos seus pais, dos ancestrais, da jornada da vida. Entendido isso, é preciso apenas respeitar e perdoar. Para que esse primeiro passo possa ser fundamentado, faça a Oração do Perdão que utilizamos em uma das nossas técnicas de cura e que você vai encontrar na página 131. A Oração fará o seu papel, ajudando-o a encontrar o caminho do perdão.

Faça essa oração à noite, ao dormir, por 30 dias e sinta a completa leveza. Tente se reconciliar com os seus, permita também que o autoperdão possa chegar até você, é preciso seguir o seu caminho de forma leve, encontrando o seu propósito e fazendo a sua trilha, assim, liberte-se do fardo dos julgamentos.

27

O CÓDIGO DE CONDUTA ANCESTRAL

Emaranhamento significa que alguém na família retoma e revive inconscientemente o destino de um familiar que viveu antes dele.

Tomar os pais – "Tomar" é para mim um processo básico. Eu estabeleço um limite bem claro entre aceitar e tomar. O aceitar é benevolente. Tomar algo significa: eu o tomo assim como é. Esse "tomar" é humilde e concorda com os pais assim como eles são. Quando faço isso, eu também concordo comigo mesmo, assim como sou.

Predestinação é uma palavra muito forte. Eu prefiro dizer que somos chamados a servir. Isso tem a ver com perseguir um objetivo. Por outro lado, cada indivíduo está limitado por circunstâncias, doenças, constituição física, país, povo e se desenvolve no seio daquilo que lhe foi apresentado. Se ele aceita essas limitações, adquire forças para uma vida de realizações.

Para curar a sua vida em relação aos seus ancestrais, deixe de culpar seus pais pelos seus traumas, respeite a maneira deles olharem o mundo, tome tudo o que é dado por eles, não interfira em assuntos que pertencem somente a eles. Aceite que seus pais não são perfeitos, assim como você, ame-os sem exigências e julgamentos, honre-os por ter lhe dado algo de maior valor do mundo: *a vida*. Por fim assuma as suas próprias responsabilidades.

Sabedoria Ancestral Universal

"Não tenha medo de chorar.
Isso vai libertar sua mente de pensamentos tristes."

– Hopi

"É melhor ter menos trovão na boca
e mais relâmpago na mão."

– Apache

"É preciso vigiar bem as palavras, elas possuem o dom de machucar ou curar, nossa maior força reside no poder da ação, assim são construídos os exemplos."

– Autor desconhecido

"Trate a Terra bem: não foi dada para você pelos seus pais, foi emprestada para você por suas crianças. Nós não herdamos a Terra de nossos ancestrais, nós a emprestamos de nossas crianças."

– Tribo desconhecida

"Quando nós mostramos respeito por outras coisas vivas, eles respondem com respeito por nós."

– Arapaho

"O que é a vida? É o lampejo de um vagalume na noite. É o respiro de um búfalo no inverno. É a pequena sombra que corre pelo gramado e se perde no pôr do sol."
— Blackfoot

"A vida é um breve sopro, portanto não perca tempo com situações que não possuem valor algum".
— Autor desconhecido

"Quando você nasceu, você chorou e o mundo se alegrou. Viva sua vida para que, quando morrer, o mundo chore e você se alegre."
— Cherokee

"Lembre-se que seus filhos não são vossos, mas são emprestados a você pelo Criador."
— Mohawk

"Essa é a mais profunda realidade, e sua responsabilidade é dar todo o seu amor e direção".
— Autor desconhecido

"Busque sabedoria, não conhecimento. Conhecimento é sobre o passado, Sabedoria é sobre o futuro."
— Lumbee

"Se você não vê razão para agradecer, a falta se encontra em você."
— Minquass

A chave para o bem viver

1. Respeite e honre os seus pais com sua gratidão eterna.
2. Respeite a ordem de sua chegada – hierarquia.
3. Respeite cada membro da sua família, cada um tem seu papel.
4. Respeite as diferenças do seu grupo e a igualdade de suas almas.
5. Jamais exclua ninguém, todos pertencem ao sistema.
6. Faça a sua própria jornada por amor, jamais por qualquer tipo de revolta.
7. Respeite o limite, o espaço e as ideias de cada membro, e seja fiel às suas também.
8. No sistema familiar não deve existir o menor ou maior, somos todos iguais.
9. Mantenha o equilíbrio entre dar e receber entre todos e tudo.
10. Exclua de seus comportamentos qualquer tipo de agressão física ou emocional
11. Não matar ou infringir qualquer sofrimento a outro ser vivo.
12. Observar a existência de ciclos repetitivos e buscar eliminá-los é tomar consciência.
13. A reparação consiste em curar a si mesmo e ao grupo, sempre.
14. Livre-se de toda culpa, rancor, ódio, cobranças e julgamentos.